지원주택과 의료

한뼘문고

02

지원주택과
의료

백재중 지음

건강
미디어
협동조합

감사의 글

특별히 주택관리공사 사장 서종균 님께 감사합니다.
서 선생님을 통해 지원주택이라는 개념을 처음 알고
나서 지원주택을 위해 의료는 무엇을 준비해야 할지
고민했습니다.
초고를 읽고 주신 의견은 본문에 녹여 독자의 개념 이
해를 돕고, 보론 〈지원주택, 지원주택 아닌 것, 지원주
택 비슷한 것〉은 이 책이 세상에 나오는 의미를 더해
주었습니다.
거듭 감사합니다.

_지은이, 편집부

여러분의 참여로 이 책이 태어납니다.
씨앗과 햇살이 되어주신 분들, 참 고맙습니다.

강봉심 강점숙 고경심 김강 김나연 김다움 김미정 김봉구 김석주 김성수 김성춘 김수현 김영희
(서울) 김영희(인천) 김유라 김정우 김정은 김종희 김철환 김현숙 김혜이 김혜준 나백주 나영정
노태맹 류다혜 박건희 박경덕 박경희 박상혁 박왕용 박주석 박혜경 석은수 성창기 손지현 송승연
송현석 송홍석 신동호 신현정 양영모 여희영 예성열 오현정 우석균 유기훈 윤경화 윤송하 이강록
이경아 이미라 이보라 이석호 이선영 이영희 이정남 이종국 이주언 이지원 이현의 임상원 임신화
임정은 임종한 임지연 임진영 임형석 임희재 장누리 장창현 전선율 전세원 전진용 전현구 정대훈
정병은 정여진 조경애 조세종 조원경 조혜영 차정인 채찬영 천혜란 최규진 최미성 최봉섭 최진주
최현삼 최효옥 하누리 하병민 허순강 홍수민 홍수연 홍승우 홍재현 황지원 황태령   (100명)

차례

들어가며

어쩌다 의사가 주택 문제에 대한 글을 쓰게 되었다. 그것도 낯선 이름인 '지원주택Supportive/supported Housing[1]'에 대한 내용이라니. 지원주택이라는 말을 처음 들은 건 몇 해 전 일이다. 어느 단체에서 '자유가 치료다'라는 주제로 강연을 부탁해 나간 적이 있다. 강연회 자리에 서울주택도시공사(SH) 주거복지 담당자들도 와 계셨다. 서울시가 이제 막 지원주택 사업을 시작할 무렵이었고, 사업의 주요 대상자인 정신장애인들의 현실을 이해하기 위해 참석했다고 한다. 이분들은 마침 이탈리아 정신병원 폐쇄 과정을 다룬 『자유가 치료다』를 읽고 오셨다. 이후로 탈시설의 대안으로서 지원주택 문제는 내 머릿속을 떠난 적이 없다.

병원에 근무하면서 이런저런 이유로 수많은 노인 요양원들

---

1. 구분하여 사용하기도 하나 여기서는 구분 없이 사용

을 방문했다. 우리 시대 최대 노인 관련 시설로서 요양원의 현실은 그리 밝아 보이지 않았다. 내가 늙어서 기력이 떨어지면 갈 만한 요양원이 있을지 살피기도 하지만 선뜻 입주하고 싶은 맘이 생기는 곳은 없었다. 그래도 다른 대안이 없다면 요양원 입주를 피할 수 없겠다는 생각이 마음 한편에 계속 남아 있다.

코로나 팬데믹은 우리 사회를 뿌리부터 흔들어 놓았다. 사회의 가장 취약한 지점들이 먼저 타격을 받았고 묻혀 있던 현실들이 표면으로 튀어 올랐다. 청도대남병원을 필두로 정신병원과 정신요양 시설의 열악한 주거 환경이 폭로되었다. 집단 감염이 발생한 장애인 시설은 코호트 격리되어 시설은 봉쇄되고 사람들은 갇혔다. 요양원과 요양병원은 집단 감염의 온상이 되어 많은 고령자가 사망하는 비극으로 치달았다.

우리 사회의 강력한 주거 방식의 하나인 '시설'에서 여러 취약함이 드러나 대안을 마련해야 하는 급박한 상황이다. 시설에서 장기간 거주하는 장애인이 많다. 정신장애인 포함하여 병원이나 시설에서 살아가는 장애인은 거의 10만여 명에 달한다. 이 중에서 정신장애인 수가 훨씬 더 많다. 이들이 살아가는 시설은 대부분 30인 이상의 규모다. 이탈리아 정신병원에 '갇혀' 있던 정신장애인들은 병원 건물 여기저기에 '자유가 치료다'라는 글을 남긴다. 여기서 자유는 정신병원이라는 시설에서 탈출하는 것, 즉 '탈시설'을 뜻한다. 시설화는 결코 치료에 도움이 되지 않는다는 항변이기도 하다.

우리나라에서 탈시설은 아직 요원하다. 탈시설 이후 주거, 재활, 고용, 생활 지원, 의료 등 사회 여건이 이를 허락하지 않는다. 주거 문제가 제일 앞에 있다. 시설을 나와서 당장 거주할 곳이 있느냐가 첫 번째 물음이 된다. 시설에 거주하는 정신장애인은 가족이 당사자를 버거워하거나 이미 가족 간 갈등이 심해 같이 살기 어렵다. 이들이 들어가서 살 수 있는 공간이 필요하다. 그리고 재활, 고용 등의 문제도 해결되어야 하고 치료 유지를 위한 의료 서비스의 제공도 뒷받침되어야 한다. 비정신장애인도 마찬가지다. 지역사회에서 어떤 방식으로 살아가든 필요한 의료에 대한 접근성 보장은 중요한 과제임에도 이에 대한 사회적, 정책적 관심은 참으로 빈약하다. 탈시설에 대한 저항도 만만치 않다. 2022년 4월 당시 야당 대표 이준석은 전국장애인차별철폐연대(이하 전장연)가 주도하는 지하철 이동권 투쟁을 비난하며 탈시설 운동에 대한 거부감까지 드러냈다. 한 언론은 탈시설 장애인이 지원주택에서 생활하다 의료 공백으로 욕창이 악화되어 사망했다며 탈시설 운동을 폄하했다.[2]

탈시설 운동은 시설에 대한 전면 부정이 아니다. 불가피하게 시설이 필요할 때도 많다. 문제는 과도한 시설화다. 지역사

---

2. 최훈민 「[단독] 넉 달 만에 욕창으로…탈시설 사업으로 '독립'한 장애인의 쓸쓸한 죽음」『조선일보』 2022.5.1

회에서 살아갈 수 있는데 너무 쉽게 시설로 밀려 들어가는 걸 막아보자는 것이다. 과도한 시설화를 어떻게 완화할 것인지 구체적인 대안 마련이 시급하다. 지역사회 통합돌봄은 자기가 살던 지역사회에서 현실적으로 가능한 시점까지 온전히 자신의 삶을 살 수 있도록 지원하는 것이다. 통합돌봄이 잘 작동해야 시설화 과잉을 막고 한편으로는 지역사회 방치를 예방할 수 있다.

노인, 장애인에게 지역사회 살아가기가 고난의 연속이 되는 걸 막으려면 삶의 다양한 영역에서 도움을 줄 수 있는 체계를 구축해야 한다. 그중 하나가 의료 서비스다. 개인에 따라 의료 요구는 다양할 텐데 필요하면 언제든지 접근 가능해야 한다는 전제를 만족하기가 쉽지 않다. 원래 자기 살던 집에서 혼자 살아가든지 아니면 지원주택에서 살게 되든지 적절한 방식의 의료와 연결되도록 망을 짤 필요가 있다. 이 책에서는 새로운 주거 방식으로 대두되는 지원주택과 의료의 연결 방식을 고민한다.

2018년 3월 정부는 '커뮤니티 케어' 추진 방침을 공식화하고 종합 계획을 수립하기 시작한다. 급속한 고령화에 따라 노인 돌봄이 당면 과제로 떠오르면서 필요성이 제기되었다. 후에 커뮤니티 케어라는 용어는 '지역사회 통합돌봄'이라는 용어로 바뀐다. 노인, 장애인, 정신장애인 등 취약계층 유형에 따라 여러 시범사업을 진행한다. 돌봄의 영역은 다양한데 이 중 주거 문제는 가장 중요한 과제로 손꼽힌다. 지역사회 일원으로 살아가기 위해서는 우선 주거 문제를 해결해야 하기 때문이다. 현재 시설에 있는 장애인들의 탈시설을 위해서도 중요하고, 고령자들이 시설로 들어가지 않고 지역사회에서 계속 살아가기 위해서도 필요하다.

1.

지원주택이란

가끔 혼자 사는 어르신 댁에 방문진료를 나갈 때가 있다. 대개 2~4인 거주가 가능한 집에서 다른 가족들이 떠나고 혼자 남아 있는 경우가 많다. 보통 집은 신체적으로 취약한 노인이나 장애인을 특별히 배려하지 않는다. 그래서 고령자 혼자 살기에는 불편하다. 어떤 공간은 넘어지거나 하여 골절이 발생할 위험이 크다. 그렇다고 기존 집을 개조하여 위험을 제거하는 게 쉽지도 않다. 불편하거나 위험할 수도 있는 집에서 그냥 살다가 나중에는 요양원 등의 시설로 이동하게 된다.

무장애주택Barrier-free Housing이란 말이 있다. 이는 노인이나 장애인들이 생활하기에 물리적, 심리적 장벽을 없앤 주택을 뜻한다. 장벽을 줄이면 불편이 줄고 위험이 감소한다. 휠체어가 다닐 수 있게 출입구를 최대한 넓히고 이동식 전동리프트나 목욕 침대가 드나들기 쉽게 화장실을 크게 한다. 욕실 미끄럼 방지를 위한 패드를 깔고 실내 공간에 턱을 없애고 보장구를 보관할 수 있는 수납공간도 마련한다. 화재 예방을 위한 가스누

출경보기도 설치한다. 발달장애인을 위해서는 지문인식 출입문을 설치하는 것이 좋다. 신체적으로 큰 이상이 없는 정신장애인의 경우는 물리적 공간보다 지역사회의 심리적 장벽을 해소하는 것이 과제가 된다. 노인이나 장애인이 기존 주택에서 느끼는 불편함이나 위험도를 최대한 극복한 주거 공간은 아주 유용하다. 그러나 이러한 주거 방식은 사회적 관심과 정책적 지원 없이는 달성하기 어렵다.

지원주택은 여기서 한 발 더 나간다. 물리적 주거 공간과 더불어 거주자의 필요에 맞게 적절한 지원 서비스를 제공하는 것이다. 지원주택은 주거와 서비스[1]가 결합한 주택이다. 장애인에게 활동 보조, 이동 지원 등의 서비스가 필요하고 정신장애인에게 자립을 위한 생활 지원, 재활, 치료 등의 의료 지원이 긴요하다. 노인에게는 식사, 청소, 세탁 등 기본 생활 지원도 큰 도움이 된다. 의료 서비스의 지원이 어떤 방식으로 결합할 수 있을지는 대상에 따라 다를 것이다. 지역, 대상, 공간 조건 등에 맞추어 다양한 모델을 제시할 수 있다.

지원주택 대상자는 고령자와 장애인, 노숙인 더 나아가 알콜 또는 약물 중독자, 가정폭력 피해자, 고아, 십 대 부모 등 취약계층이다. 이 프로그램의 이용자가 지역사회에서 자기 역량

---

1. 주거지원 서비스, 주거유지 서비스, 주거유지지원 서비스라고도 명명

을 강화하고 최대한 독립적으로 생활함을 목적으로 한다. 지원 주택은 단순히 주택 제공에 그치지 않고 주택을 찾는 과정부터 독립적인 생활을 유지하는 데 이르기까지 다양한 주거 관련 지원과 돌봄 서비스를 제공한다.[2]

지원주택은 주거 준비Housing Ready 전략에 기반한 단계적 주거 모델의 한계를 극복하고 주거 우선Housing First 전략을 실현하기 위하여 등장한 새로운 주거 모델이기도 하다. 단계적 주거 모델은 이용자들이 주거 시설을 단계적으로 이동하면서 적용 훈련을 받고 순차적으로 주거지를 이동하는 방식이다. 그러다 보니 주거 이동이 이전 단계의 서비스로부터 축적되었던 기술과 향상된 기능의 연속성을 방해하고, 쌓아온 사회적 지지망을 강화하는 게 아니라 오히려 감소시킬 가능성이 있다. 치료 프로그램의 불응은 시설 퇴소로 이어져 노숙 위험성을 초래하기도 하였다. 그래서 돌봄과 주거가 동시에 필요한 취약 집단에게 독립적 주거 공간을 우선 제공하되 다양한 심리 사회적 지원 서비스를 결합하는 지원주택이 대안적 주거 모델로 제시되었다.[3]

---

2. 서해정 외 「탈시설 장애인을 위한 주거 지원 체계 구축 방안 연구」 『정책 21-15』 한국장애인개발원
3. 김인제 「혼합방법론을 활용한 지원주택 거주 경험 연구: 서울시 시범사업을 중심으로」 『한국사회정책』 제27권 제1호 2020 pp.249-283

시설과 지원주택의 차이

:

시설은 기본적으로 시설이 지향하는 방식과 규칙이 우선하고 입소자는 이를 따라야 한다. 개인을 위해 특별 서비스를 제공하기 어렵다. 예를 들어 식사 시간이 일정하니 혼자만의 식습관 방식을 요구하기 어렵다. 그리고 다인실 구조여서 개인의 사생활 보장이 힘들다. 반면 지원주택은 입주민 개인의 사생활을 보장하고 개인의 요구에 맞춘 지원 서비스 제공을 지향한다. 개인 맞춤형 서비스다. 이를 통해 삶의 질을 한 단계 높일수 있다. 이게 탈시설의 기본 철학이다.

지원주택이 장점도 있으나 관리가 전적으로 개인 책임이므로 부담이 늘 수도 있다. 주택 계약부터 당사자가 책임지게 되어 있다. 시설에 있었다면 각종 공과금이나 식비가 들지 않을 텐데 지원주택에 살아 지출이 늘었다고 말하는 사람도 있다. 지원주택 직원들이 자신의 삶에 너무 관심을 두고 관여하여 부담스러워하기도 한다.[4] 책임과 불편이 따르지만 지원주택이 제공하는 자기 결정과 사생활 보장이라는 장점을 넘어서지는 못한다.

장애인이거나 노인이기만 하면 누구나 지원주택에 입주할

---

4. 서종균 외 『지원주택 사람들』 마음대로, 2021

자격이 있는 것은 아니다. 지원주택에 입주하려면 지원 서비스에 대한 필요가 확인되어야 한다. 지원 서비스가 없어도 자립생활이 가능하다고 판단되는 이들은 지원주택의 대상이 아니다. 반면에 지원주택이 아니면 자립생활이 어려울 때는 정부가 가능한 한 신속하게 지원주택을 제공해야 한다. 자립생활에 대한 권리를 보장하기 위해서 최선의 노력을 기울이는 것은 국가의 의무다.

지원주택은 자립을 준비하는 중간 단계 주거 방식들과 구분된다. 지역사회에 주거 공간과 서비스를 같이 제공한다는 점에서 그룹홈이나 체험홈, 자립생활 주택과 유사한 것처럼 여겨지나 지원주택은 한시적인 게 아니라 영구적으로 생활할 수 있다는 점, 당사자가 직접 임대사업자와 임대차계약을 맺고 독립적인 점유권을 갖는 점 등은 중간 거처들과 명확히 구분되는 특징이다. 서비스 이용과 분리된 점유권은 생활에서 자기결정권을 행사할 수 있는 기반이다.

지원주택을 원활하게 공급하기 위해서는 주택의 확보도 중요하다. 지원주택은 공공임대주택 배분 시 우선해서 고려되어야 한다. 지원주택 입주가 필요한 사람들은 그것이 제공되지 않으면 시설이나 거리에서 벗어나기 어렵기 때문이다. 다른 사람과 원치 않는 동거를 하면서 서로 상처를 주고 있을 가능성도 크다. 주거 수요가 큰 집단을 우선 고려하는 것이 공공임대

주택 배분의 중요한 원칙이 되어야 한다.[5]

외국의 지원주택

:

미국은 가장 먼저 지원주택 관련 법과 제도가 마련된 나라다. 미국은 1850년대부터 장애인을 시설에 수용하기 시작하여 1950년대 중반 무렵 55만 명 이상의 정신장애인이 정신병원에 수용되었다. 이들에 대한 학대, 인권유린 실태가 알려지면서 1960년대부터 탈시설이 추진된다. 그러나 탈시설을 위한 지역사회 준비가 제대로 되지 않은 상황이었다. 막상 시설을 떠나 지역사회로 복귀해도 지원을 받지 못한 채 열악한 주택에 방치되거나 노숙 생활로 들어가는 경우가 종종 발생했다. 이들에 대한 주거 대책이 시급한 상황이었다. 우선 민간 차원에서 지원주택의 원형이 되는 사업 모델이 진행되고 이어 제도가 정비되기 시작한다.

미국에서 1959년 주택법 제202조를 기반으로 노인을 위한 지원주택 프로그램이 처음 시작된다. 이후 장애인, 노숙인 등을 대상으로 확대된다.

1980년대 뉴욕시에서 최초로 개발한 지원주택 덕분에 취약

---

5. 서종균 「장애인·고령자·노숙인·탈가정 청소년을 위한 '지원주택'이 필요하다」『프레시안』 2021.12.10

계층은 더이상 가족의 부양이나 보호시설 또는 노숙 생활을 하지 않아도 되었다. 지원주택은 1980년대 뉴욕의 Pathways to Housing(PH) 프로젝트를 계기로 홈리스 문제에 대응하는 혁신적 대안으로 여겨진다.[6] 1987년 '홈리스지원법'에 따라 돌봄의 연속선 상에서 치료와 결합된 주거 모델도 등장하게 된다. 캘리포니아에서는 1988년 홈리스 가족과 아이들이 증가하자 주거 우선 Housing First 원리에 따라 응급보호소나 임시 숙소가 아닌 안정적인 주택을 홈리스에게 먼저 제공한 후 지역사회와 연계한 서비스로 홈리스 생활을 종결하고자 시도했다.[7]

PH 프로젝트는 뉴욕에서 시작된 프로그램으로 주요 대상은 1년 이상의 노숙 경험이 있으면서, 심각한 정신질환이나 약물 문제가 있거나 혹은 정신질환과 함께 HIV/AIDS 문제가 복합적으로 있는 사람들이다. 지원주택에서는 기본적으로 제공하는 주거유지 지원 서비스 외에도 주로 직능 훈련, 생활기술 훈련, 알콜이나 약물 중독 치료 프로그램과 다양한 커뮤니티 서비스 등을 제공하기도 한다. 지원주택 거주자는 홈리스나 저소득층 노인, 장애인, 고아, 정신질환자, 알콜·약물 중독자, HIV/AIDS 감염자, 청년실업자. 사회취약계층 가족 들로 점차 확대

6. 이재상 「탈시설-지역사회 통합돌봄 실현을 위해 지원주택 제도화해야」 『미디어생활』 2021.6.10
7. 박재현 외 「최근 지원주택 연구의 흐름과 특성」 Journal of Korean Housing Association, Vol.28, No 2, 1-12, 2017

되고 있다. 홈리스 지원주택 도입으로 탈노숙 증가, 주거 유지 기간 증가. 응급 서비스 이용 감소, 병원 입원 감소, 이용자 만족도 증가 등의 긍정적 결과가 보고되고 있다.[8] 미국의 지원주택은 주거인이 임대차계약을 하고, 임차인권리를 가지며 영구 거주가 가능하다. 월세는 수입의 30% 이하로 저렴하다. 복지 서비스는 임차인의 지역사회 내 취직과 치료를 돕는 데 초점을 두고 있다.[9]

유럽에서도 1950년대 이후 대규모 정신병원 폐쇄 등 탈시설화 흐름 속에서 비슷한 시도들이 이루어진다. 적어도 1970년대를 전후하여 대안적인 주거 모델로 논의들이 활발해진다. 유럽에서는 사회주택 Social Housing[10]이라는 용어가 광범위하게 사용된다. 공공 부문이 관리하는 임대주택인 경우가 많으며 지원주택도 여기에 포함될 수 있다. 영국은 2003년 '서포팅 피플 프로그램 Supporting People Program'을 도입하면서 지원주택을 활성화하는 중요한 계기를 마련한다. 이 프로그램은 주거와 보건, 사

---

8. 서해정 외 「탈시설 장애인을 위한 주거지원체계 구축 방안 연구」『정책 21-15』한국장애인개발원
9. 조종도 「지원주택은 가장 적은 비용으로 취약층 주거복지 실현」『백세시대』 2017.9.29
10. 사회주택은 정책적인 지원을 받아서 저렴한 혹은 부담 가능한 가격으로 제공되는 임대주택이다. 사회주택의 공급 주체는 공공이나 민간 비영리 기관이 할 수 있는데, 공공이 공급하는 사회주택은 공공임대주택이다. 지원주택은 흔히 사회주택을 활용하여 공급되나 반드시 사회주택이어야만 하는 것은 아니다. 우리나라에서는 사회주택이라는 용어가 대부분 사회적경제 주체가 공급하는 주택을 일컫는다. 이런 용어 사용은 잘못되었고 혼란을 초래한다. 사회적기업이나 협동조합이 공급하는 주택도 이윤을 목적으로 시장가격에 공급한다면 사회주택이 아니다. 주택의 공급 주체가 누구인가가 아니라 주택의 성격을 기초로 사회주택인지 판단하여야 함_서종균

회 서비스, 보호관찰 등 7개 부문의 재원을 합쳐서 만든 통합적인 프로그램이다. 영국은 장애인 등 취약계층이 특성화 주택 Specialised Housing에 생활하는 경우가 많다. 이는 이용자의 필요에 대응하기 위해 여러 가지 형태로 발전하고 있는데 지원주택도 그중 하나다. 보호주택 Sheltered Housing은 장애인이나 고령자가 독립적으로 생활하기 위해 필요한 다양한 서비스를 제공한다. 돌봄주택 Extra Care Housing은 높은 수준의 케어와 지원을 제공하는 주택으로 스스로 생활하기 좀 더 힘든 사람을 대상으로 한다, 상대적으로 높은 수준의 케어와 지원을 제공함으로써 시설에 가지 않고 독립적으로 생활할 수 있도록 지원한다.[11]

지원주택 정책의 도입

:

지원주택은 다양한 맥락에서 논의 또는 실행되고 있다. 장애인의 탈시설·자립생활 지원이라는 관점이 대표적이다. 고령화의 진행으로 과도하게 요양병원이나 요양원 등으로 쏠리는 시설화에 대한 반작용으로 노인을 위한 지원주택 논의도 활발하다. 지역사회 통합돌봄의 맥락에서 장애인과 노인의 지원주택 확대 전략도 관심을 끌고 있다.

---

11. 서해정 외 「탈시설 장애인을 위한 주거지원체계 구축 방안 연구」『정책 21-15』한국장애인개발원

우리나라에서 지원주택의 역사는 길지 않다. 정책적인 지원은 서울시가 처음이다. 2016년 서울시는 정신장애인이나 알콜중독자, 발달장애인을 대상으로 서울주택도시공사로부터 매입 임대주택을 공급받아 51호의 지원주택 사업을 시작하였다. 이 경험을 바탕으로 서울시는 2018년 4월 「지원주택 공급 및 운영에 관한 조례」를 제정한다. 조례에 따라 운영되는 지원주택은 서비스 제공기관을 공개모집 후 심사를 거쳐 선정하고 있는데 비영리법인, 공익법인, 사회복지법인, 서울주택도시공사[12] 등이 공모에 참여할 수 있다. 지원주택에는 사회복지사 2급 이상 소지자로 실무 경력 2년 이상인 주거 코디네이터가 배치되어 개별적인 욕구를 기반으로 서비스를 제공하고 연결, 조정하는 역할을 맡는다. 주거 유지 지원 서비스[13] 내용은 입주자의 입주 지원 및 상담, 주택 시설 관리 지원, 입주자의 특성과 욕구를 반영한 사회복지 서비스 지원, 의료 및 건강관리 지원, 취업 상담 및 자립 지원, 지역사회 커뮤니티 연계 등이다.

지원주택이 도입된 지 얼마 안 되어서 지금 시행착오를 겪는 중이다. 공급되는 지원주택 물량도 많지 않다. 중증장애인의 탈시설·자립생활 권리를 보장하는 수단으로 공급하려면 지금보

12. 서울주택도시공사는 장애인, 노숙인, 고령자 대상의 지원주택을 공급. 노숙인 지원주택은 정신질환, 알콜 의존증이 있는 노숙인을 대상으로 함
13. 조례 제2조 2항에 '주거유지 지원 서비스'란 지원주택 입주자가 독립적이고 안정된 생활을 유지할 수 있도록 주거와 함께 제공되는 서비스라고 정의함

다 훨씬 많이 공급해야 하는데 신규 공공임대주택의 10% 정도
는 되어야 한다는 주장이 있다.[14]

지역사회 통합돌봄 선도사업

:

처음 '커뮤니티 케어 Community Care'라는 이름으로 시작된 지
역사회 통합돌봄 선도사업은 2019년 6월부터 시작되어 현재
16개 시군구에서 진행 중이다. 주거, 건강·의료, 요양·돌봄, 서
비스 연계를 4대 핵심 중점 과제로 선정해 2025년까지 통합돌
봄 기반 조성을 위한 인프라를 구축하고, 2026년에 통합돌봄을
보편적으로 실행하는 것을 목표로 단계적으로 시행 중이다.[15]
이에 따라 여러 분야의 지원이 지역 단위에서 통합적으로 이루
어진다. 지역마다 사정에 맞게 다양한 방식으로 이루어지는데
주거나 의료는 핵심 분야에 해당한다. 독자적으로 또는 연계하
는 방식으로 지원이 이루어진다.

대상에 따라 노인, 장애인, 정신장애인으로 구분하여 사업을
진행한다. 노인 대상 시범사업은 광주 서구, 경기 부천시, 충남
천안시, 전북 전주시, 경남 김해시, 장애인 대상은 대구 남구,

---

14. 이재상 「탈시설-지역사회 통합돌봄 실현을 위해 지원주택 제도화해야」 『미디어생활』 2021.6.10
15. 황주희 외 「지역사회 통합돌봄 선도사업과 고령 장애인 : 현황과 과제」 『ISSUE & FOCUS』 제416
호 한국보건사회연구원 2022.1.10

제주 제주시, 정신장애인 대상은 경기 화성시였고 나중에 노인 대상 사업으로 부산 북구, 부산 진구, 경기 안산시, 경기 남양주시, 충북 진천군, 충남 청양군, 전남 순천시, 제주 서귀포시 등이 추가된다. 노숙인 대상 시범사업도 계획되었지만 지원하는 지자체가 없어 취소된다.

선도사업 내용 중 주거 서비스는 '자립체험주택'과 '케어안심주택' 두 가지다.[16] '자립체험주택'은 퇴원 후 곧장 지역에 정착하기 어려운 사람이 3~6개월 동안 머무르며 복귀를 준비하는 곳이다. 기존 지역사회 전환시설(중간 집)과 기능은 같으나 공간 면에서 차이가 있다. 정원이 20여 명인 중간집과 달리, 자립체험주택은 당사자 두 명이 각자 방을 쓰며 거실을 공유한다. '케어안심주택'은 당사자가 2년 동안 홀로 생활할 수 있는 집이다. 담당 직원이 자립체험주택처럼 상주하지 않아 거의 독립적으로 지낼 수 있다.

선도사업에서는 '케어안심주택'이 훨씬 더 자주 시도되었다. 친화적 주거 환경 제공과 지역사회 자립을 위해 보건·의료·재활·복지·돌봄 등 통합적인 사회 서비스 제공이 케어안심주택의 핵심 내용이다. 한 국회 보고서에는 케어안심주택의 세부 유형으로 주거 지원 서비스, 지원주택, 보호주택 등을 제시하고

---

16. 주거 서비스 제공 외에도 26개 읍면동 케어 안내 창구 설치, 공무원, 의료급여 사례관리사, 정신건강전문요원으로 두드림팀 구성, 사회적응 주간프로그램 개발, 집중 사례 관리 등의 내용이 포함됨

있다. 개념 정의에 혼란이 있기는 하지만 대부분 선도사업들이 주거 문제를 중요한 과제로 삼고 지자체의 조건과 특성에 맞게 각각의 대안들을 제시한다. 명확하게 지원주택 범주로 묶기 어려운 유형도 있으나 공공영역에서 지원하는 사회주택의 의미를 내포하며 다양한 사회 서비스 제공과 연계하려는 공통점이 있다. [표1]은 사업 대상에 따라 케어안심주택 사업계획을 비교한 것이다.[17]

[표1] 대상별 케어안심주택 사업계획 비교

구분	노인 대상	장애인 대상	정신질환자 대상
지자체	광주광역시 서구, 경기도 부천시, 충청남도 천안시, 전라북도 전주시, 경상남도 김해시	제주특별자치도 제주시, 대구광역시 남구	경기도 화성시
핵심 대상	-65세 이상 고령자 -저소득층 노인 -주거 약자	-자립 가능한 장애인 -지역사회 복귀를 희망하는 장애인	
주거 형태	-공공리모델링 매입임대주택 -영구임대주택(아파트) -사회주택(사회적경제 주체 출자)	-케어안심주택과 자립체험주택 구분 -영구임대주택 -미분양 주택 -탈시설 자립주택	-케어안심주택과 자립체험주택 구분 -LH임대주택
주요 내용	-노인 돌봄 관련 자원 통합 동원 -주간 보호 서비스와 보건복지서비스의 연계 -노인 친화적 주거 환경 조성 및 도시 재생사업과의 연계	-장애 친화적 주거 환경 조성 -장애인 자립을 위한 사회 서비스 자원 연계 -주거 서비스 및 주택 운영 제도화를 위한 조례 제정	-정신건강 관련 서비스와의 연계 -거주비 및 자립 정착 지원금 지원 -상주 전담 인력 배치와 사례관리

17. 이만우 「커뮤니티케어 '케어안심주택' 사업계획의 쟁점과 과제」 『현안분석』 제123호 국회입법조사처 2020.3.9

정부 지원의 선도사업 외에도 지역 여건에 맞는 통합돌봄 사업을 추진하는 지자체들이 많다. 주민들의 요구가 많기 때문이다. 코로나 팬데믹을 겪으면서 돌봄의 문제가 제기되었고 필요성에 공감하는 사회 분위기가 확대되면서 다양한 방식들이 시도되는 건 고무적인 현상이다.

지원주택 운동의 시작
:

지원주택 프로그램은 서울시 지원사업을 필두로 지역사회 통합돌봄 선도사업, 탈시설 장애인 자립 지원 시범사업 등으로 연결해 진행 중이다. 그러나 여전히 규모가 작고 홍보도 미약하다. 여론이나 정치권도 별로 관심이 없다. 그러나 지원주택이 사회적 약자들의 주거 대안으로 떠오르면서 이를 실현하기 위한 운동이 조직되기 시작한다.

장애인, 노인, 노숙인들이 지역사회에서 함께 살 수 있는 주거권 보장을 위해 관련 입법 및 예산 반영을 목표로 '장애인고령자등지원주택10만호공급공동대책위원회(이하 지원주택10만호공대위)'가 구성되었다. 지원주택10만호공대위는 길가온복지회, 참여연대, 전국장애인부모연대, 전국장애인야학협의회 등 17개 단체가 참여하여 2021년 4월 19일 국회에서 출범식을 갖고

활동을 시작한다.[18]

지원주택10만호공대위는 지난 20대 대선에서 '지원주택 10만 호 공급'을 공약에 포함하라고 대선 후보들에게 촉구한다. 2022년 2월 18일 국회 앞 기자회견에서는 장애인, 노숙인, 아동·청소년, 노인 등 주거 약자를 병원 등 집단 수용시설에 가두지 말고, 지역사회의 일원으로 생활할 수 있도록 주거를 보장해야 한다고 주장한다. 주거 약자의 대상을 확대하고 주택을 우선 제공한 후, 사례 관리를 통해 주거를 유지하도록 지원하는 주거 우선 정책의 대표인 지원주택 도입을 적극적으로 실행할 것을 요구하면서 주거는 단순히 주택을 공급받거나 보유할 수 있는 권리를 넘어 적당한 생활 수준을 지속적으로 누리고 개선할 권리를 함께 포함해야 한다고 주장한다. 국토교통부의 지원주택 제공과 보건복지부의 서비스 제공에 필요한 제도화를 통해 더이상 탈시설·탈노숙·탈원화의 사각지대가 발생하지 않도록 정부를 비롯한 대통령 후보자의 적극적인 태도를 요청한다고 밝혔다.[19]

지원주택 운동이 아직은 초기 단계여서 이게 얼마나 확대되고 어느 정도 우리 사회에 영향력을 발휘할지는 미지수다. 그

---

18. 출범 기자회견문 전문은 이 책 부록 참고
19. 유하라 「장애인·고령자 등 주거권 위해 '지원주택 10만 호 공급' 대선 후보들에 촉구」 『레디앙』 2022.2.18.

러나 주거 문제의 강력한 대안으로 떠오르는 현실에서 운동의
지속가능성을 조심스레 긍정 평가해 본다.

2.

노인을 위한
지원주택과 의료

우리나라에서 가장 대표적인 노인 요양 시설은 요양병원과 요양원이다. 고령화의 흐름을 타고 폭발적으로 증가하여 장애인 집단 거주 시설 수를 추월한 지 오래다. 탈시설 논의가 장애계를 중심으로 제기되고 있으나 노인 시설을 빼고서 실제 시설 문제 전체 모습을 보기 어렵다. 우리나라에서 장애인 시설화는 역사가 긴 데 반해 노인 시설화는 고령화 추세에 따라 최근 가속화되면서 새로운 사회 문제로 나타났다. 노인들은 가족 부담이 한계에 다다르면서 다른 대안이 없는 귀결로 시설에 입소한다.

노인 요양 시설의 현실

:

그동안 여러 이유로 요양원을 다닌 지가 10년 이상 된다. 방문했던 요양원만 해도 수십 곳이다. 독감이나 코로나 백신 접종을 위해 한두 번 방문 하거나 촉탁의로서 1년 이상 정기적으로 방문한 곳도 있다. 소규모 공동생활가정부터 100명 이상 대규모 시립요양원까지 규모도 천차만별이고 운영 방식도 다양하다. 교회의 일부 공간에 침대를 놓고 와상 환자 몇 명 관리하는 요양원도 있다. 오히려 시설 좋고 인력이 충원된 곳에 굳이 입소하지 않아도 좋을 정도로 상태가 좋아 보이는 경증 환자들이 더 많았다.

요양원 운영 방식이나 분위기도 다양하다. 촉탁의로 다니던 한 요양원은 원장이 바뀌자 분위기가 완전히 달라졌다. 이전에는 요양원에 적막이 흐르고 입소자들도 자기 방에 머물거나 침대에 누워 있는 때가 많았는데, 새로 부임한 원장은 입소 어르신들이 공동 공간인 거실로 나와서 활동하기를 격려했다. 방문할 때마다 분위기가 시끌벅적했다. 같이 모여 음식도 먹고 돌아가면서 노래도 하곤 했는데 어르신들도 이전보다 활기가 넘쳤다.

시설로서 요양원은 가족들과 분리되고 개인의 사생활을 보호받기 어려운 공간이다. 기본적으로 다인실 구조여서 자기 공간이라 할 곳이 없다. 여러 명이 모여 사는 곳에서 적응 잘하는 사람도 있으나 끝내 그렇지 못한 분도 많다. 집에 간다고 문 앞에 하염없이 쪼그려 앉아 있거나 요양원을 탈출했다가 실패해서 다시 들어오기도 한다. 와상이거나 현저한 인지 저하로 시설 생활이 불가피한 경우도 많으나 실제 요양원 입소자 중 적절한 대안이 있다면 시설 입소를 피할 수 있는 분도 상당하다. 가족의 돌봄 부담을 줄이면서 노인의 삶의 질을 높이기 위해 지원주택에 대한 고민이 필요한 이유다.

코로나 팬데믹으로 2년 넘는 기간 동안 요양원에서 가족 면회가 금지된다. 입소자들을 보호하기 위한 목적이었으나 입소자의 고립감은 더 심해지는 부작용이 따랐다. 철통같은 봉쇄 속에서도 요양원 코로나 집단 감염은 빈발하였고 많은 희생자가 나왔다. 팬데믹에서 시설의 한계가 여실히 드러났다.

재가 노인 돌봄의 공백

:

이전 병원 근무 때 인근의 복지관에서 한 달에 한 번 건강 상담을 한 적이 있다. 이 복지관은 4개 동으로 구성된 공공임대주택 아파트 단지 가운데 자리하여 단지 주민들에게 다양한 서비스를 제공하였다. 천여 명이 거주하는 임대주택이었다. 주로 저소득층 노인들과 장애인들이고 혼자 사는 사람도 많았다. 평일 점심 식사 제공은 복지관의 중요한 사업의 하나였다. 오전에 복지관을 방문하여 점심 식사 전까지 상담을 진행했다. 식사하러 왔다가 들르는 분들이 대부분이었다. 진료실처럼 바쁘게 진행되는 것도 아니고 투약을 하는 것도 아니다 보니 주로 신변잡기, 가족 얘기를 풀면서 건강 상담으로 이어간다. 면담자는 대부분 80~90대 고령인데도 혼자 사는 분들이 많았다. 고령화 사회의 한 단면을 목격한 셈이다.

상담을 계속 진행하면서 쌓인 자료들을 자세히 살펴보았다. 임대아파트 거주자 중 일상적인 의료 지원이 필요한 분이 상당히 많다는 사실을 깨달았다. 혼자 사는 고령자 중에서 의료 지원 대상자들을 추려 보았는데 10% 정도는 일상적인 의료 지원이 필요할 것으로 보였다. 초고령자이거나 치매가 동반된 분, 장애나 심한 신체 질환이 있는 분, 가족 지원이 없는 분이 대표적이다. 체계적인 의료 지원이 필요해 보이나 의료 부문은 준비가 되어 있지 않았다.

언젠가 상담을 갔던 날 오후 늦게 임대주택 거주 노인 한 분이 병원 응급실로 실려 왔다. 심한 장염 증상으로 설사와 구토에다 먹지를 못해 탈진해 있었는데 며칠 동안 혼자 끙끙 앓았다고 한다. 홀몸 노인이었다. 복지관에 점심 식사하러 오지 않는 걸 이상하게 여긴 이웃들이 집을 방문하여 탈진해 있는 환자를 발견하고 119에 연락했다고 한다. 이 사건은 나에게 임대주택 단지에 적합한 의료 지원 체계에 대한 고민을 남겼다. 아주 단순하게는 복지관에 간호사 한 명 배치하고 병원이 이를 지원하는 방식을 생각했으나 그리 단순하지 않았다.

팬데믹 기간 중 근무 병원을 옮기고 나서 다른 복지관과 연계하여 이번에는 마을에서 홀로 사는 어르신 집을 방문했다.

코로나로 외출이나 외부인 접촉을 피하고 심지어 병원을 제대로 찾지 않아 약 복용이 중단된 사례도 있었다. 독립주택에 살고는 있으나 다른 지원 서비스 없이 방치되었다.

신체 활동에 제약이 있거나 경증 치매가 있는 노인은 적합한 주택이 제공되고 지원 서비스가 보태진다면 가능한 한 긴 시간 지역사회에서 살아가기가 가능할 터다. 자립생활이 불가능할 때는 가족 간병에 의존하거나 시설 입소가 불가피할 것이다.

노인을 위한 지원주택은 질환이나 장애, 인지 저하 등으로 어려움을 겪을 때 시설에 들어가지 않고도 지역사회에서 독립생활을 유지할 수 있도록 도와준다. 질병의 진행을 지연시키고 보건의료 필요나 응급상황에 잘 대처하도록 하는 것도 중요한 지원 서비스의 하나다.[1] 선진국의 경우 노인 90% 이상이 요양시설이 아닌 주거 공간에 거주한다.

노인 지원주택의 도입

:

노인 지원주택 Seniors' Supportive Housing은 서울시가 처음 도입했다. 2015년 의료안심주택을 선보인 데 이어 2020년 노인지원주택 90호 공급을 시작으로 2022년까지 190호를 공급한다

---

1. 서종균 외 『지원주택 사람들』 마음대로, 2021

는 계획이다. 서울주택도시공사가 이 사업을 맡아서 진행한다. 서울주택도시공사는 다세대 주택을 매입하여 노인들을 위한 주택으로 리모델링을 한 후 시세보다 훨씬 낮은 가격으로 공급한다. 단독 거주 또는 공동생활도 가능하며 8호당 주거 코디네이터 1명을 배치한다. 노인 지원주택에서 의료 지원은 필수다. 하여 의료 서비스를 어떻게 연결할지가 중요한 과제다.

노인들을 위한 지원주택은 의료안심주택, 건강안심주택, 케어안심주택 등 다양한 이름으로 불린다. 주로 서울주택도시공사, 한국토지주택공사가 공급하고 직접 운영하거나 지자체 또는 기관에 위탁한다. 서울을 중심으로 공급하던 것이 지금은 전국적으로 퍼지고 있으나 소규모에 그친 상황이다.

의료기관 연계형 의료안심주택

:

의료 취약계층을 위한 주택 건립을 처음 시작한 건 서울시다. 서울주택도시공사는 혼자 사는 노인과 의료 취약계층을 위해 중랑구 신내동 서울의료원 맞은 편에 공공임대주택인 의료안심주택을 건립한다. 이 주택은 무장애 공간으로 설계되었는데 단지를 쉽게 다닐 수 있도록 단차를 없애고 복도의 폭을 넓혀 휠체어의 이동이 훨씬 원활하다. 경사로를 최소로 하고 핸드레인을 설치해 거동에도 도움을 주도록 했다. 출입문은 휠체어와 이동식 침대가 원활하게 다닐 수 있도록 하고, 현관 입구에는 무릎 관절이 안 좋거나 허리가 불편한 노인들이 신발을 편하게 신고 벗을 수 있도록 간이의자와 손잡이를 설치했다. 또, 휠체어를 사용하는 입주민을 위한 별도의 수납공간도 마련하고, 욕실과 거실과의 문턱을 없애며, 앉아서 샤워할 수 있도록 접이식 의자를 설치했다. 1층에는 간단한 의료 서비스를 받을 수 있는 케어센터와 재활치료를 위한 물리치료실 및 피트니스센터가 운영되었다. 또 단지 곳곳에 혈압계, 당뇨 측정기같이 주민 스스로 건강을 점검할 수 있는 기구와 구급물품실을 설치하고 거동이 불편한 노인과 장애인을 위한 소규모 목욕장도 만들었다. 입주자가 현관문이나 화장실 등을 일정 시간 이용하지 않으면 감지기가 작동하여 관리사무소로 연락이 닿아 응급상황 여부를 확인할 수 있다. 응급상황 시 비상벨을 누르면 관리사무소로 연결되고 필요에 따라 서울의료원이나 119로 연결이 되도록 해 놓았다.[2] 시설 내에서 보건소의 건강관리 서비스를 받고 서울의료원의 무료 건강상담 서비스도 받을 수 있으며 건강 강좌 등도 개최된다.

　그러나 우리나라 지원주택의 개척자로 이 책의 보론 〈지원주택, 지원주택 아닌 것, 지원주택 비슷한 것〉을 쓴 서종균(한국주

---

2. 강완협 「서울 신내동에 전국 최초 '의료안심주택' 첫 삽 뜬다」 『에브리뉴스』 2014.2.3

택공사 사장)은 "의료안심주택을 지원주택으로 보는 것은 적절하지 않다. 노인이나 장애인이 살기 편리한 공간을 만든 것은 사실이지만, 지원 서비스가 제공되지는 않는다. 지원 서비스를 제공하기 위한 재원이 확보되지 않았다. 입주자도 지원 서비스가 없으면 자립생활이 어려운 이들을 대상으로 하지 않고, 노인이나 장애인이면 가능하다. 고혈압, 당뇨병 등 만성질환자를 우선하지만, 실제 우선 대상자의 신청이 부족해서−중랑구 거주자로 제한해 신청자가 많지 않다− 노인이나 장애인이면 누구든 신청할 수 있다. 물리치료나 운동을 위한 시설은 기대만큼 운영되지 않았다. 이런 시설의 운영을 위해서는 인력과 재원이 필요한데, 현재는 관리비를 더 내야 하는 실정이다. 입주민 부담이 커지기 때문에 실질적으로 운영이 어렵다. 전체적으로 물리적 환경은 양호하나 서비스와 관련한 고려가 부족했다. 노인과 장애인을 위해서 건설형 공공임대주택 중에서 일부를 주거약자용 주택으로 공급하는데, 그것과 큰 차이가 없는 주택이라 할 수 있다. 의료안심주택이나 주거 약자용 주택 모두 물리적 환경이 양호하기 때문에 지원주택으로 활용될 여지는 있다. 지원 서비스에 대한 계획을 세우고 예산을 확보하고, 일정 물량을 지원주택이 필요한 이들에게 배분하면 된다"고 설명한다.

의료협동조합이 운영 관리하는 지원주택

:

의료 서비스를 제공하는 기관이 직접 지원주택을 운영 관리하는 사례도 있다. 서울 노원구에 있는 함께걸음의료복지사회적협동조합은 2020년 한국토지주택공사, 노원구청, 한국사회적기업진흥원 등과 업무 협약을 맺고 주택 5가구의 운영을 위탁받아 진행 중이다. '의료복지 건강안심주택'이라고 부르는데 5호 중 2호는 긴급한 상황에 임시 주거지가 필요하거나 통원 치료, 간병, 입시, 취업 등으로 잠시 머무를 곳이 필요한 사람들이 이용하는 임시 주택이고 3가구는 만성질환이 있거나 돌봄이 필요한 노인이 거주하는 공간으로 의료 서비스와 돌봄을 제공하는 지원주택이다. 지원주택에는 월 1회 주치의가 방문해서 건강을 살피고 주 1회 방문간호사가 방문한다. 또 매주 원예치료와 작업치료를 제공한다.[3] 2022년부터 5호에서 8호로 확대되었는데 그중 4호는 지원주택이고 4호는 임시주택으로 운영 중이다.

의료협동조합은 대개 일차의원을 운영하고 있어 직원 수는 많지 않으나 협동조합 조합원 중에서 건강 매니저 또는 돌봄 활동가가 지원 서비스를 제공할 수 있는 게 장점이다. 이는 조합원들이 적극적으로 지역 돌봄 활동에 참여할 수 있는 계기가

3. 박미리 「"노인지원주택에서 같이 사니 행복하지, 외롭지 않고"」 『이로운넷』 2021.3.18

되며, 나아가 조합원들 스스로 나이 들어가면서 본인들의 필요를 요구하여 대처하는 방편으로 삼을 수 있다. 의료협동조합은 지원주택 이용자들에게 의료 지원 서비스를 제공할 수 있다는 확실한 강점을 가진다.

임대주택 단지의 의료 지원 서비스

:

저소득층 장애인이나 노인들을 위한 영구임대아파트가 있다. 영구임대아파트는 14만 호에 달할 정도로 적지 않은 규모다. 영구임대아파트 단지에 단순 주거 공간을 넘어 지원 서비스가 제공되는 지원주택의 개념이 도입된다면 좀 더 안락한 주거 환경이 제공된다. 공공임대주택을 건립할 때 애당초 재가 서비스 제공을 고려하여 처음부터 무장애 Barrier-free 유니버설 디자인을 적용할 필요가 있다.

임대주택을 대상으로 지원 서비스를 제공하는 시범사업도 이루어졌다. 강원도 춘천시 효자 주공8단지는 영구임대아파트로 총 610세대에 이른다. 입주자 중 노화, 사고, 질병 등으로 신체적 기능이 저하된 노인과 장애인 20세대를 대상으로 2019년 6월 사업을 시작하여 다음 해에는 24명에게 서비스를 제공했다. 아파트 1층을 케어안심주택으로 리모델링을 하여 주거 약자에게 제공했다. 주택 내부의 화장실 턱, 문, 싱크대 등을 고쳐서 수리하고 안전 손잡이나 미끄럼 방지 타일을 필요에 맞게 부착했다. 요양보호사가 주 2~3회 방문하여 가사 지원, 말벗 서비스, 병원 내원 등도 돕는다. 스마트 토이봇(효순)을 제공하여 응급상황이 발생하면 신속하게 연락을 취할 수 있게 하고 투약 모니터링도 가능하도록 했다.[4]

시흥시 LH 은계 7단지 아파트에는 1개 동 190세대 홀로 사는 노인들에게 7평 정도의 원룸에 안전 손잡이 등 무장애 디자인을 적용한 고령자 지원주택이 있다. LH가 아파트가 입주민들의 건강과 돌봄 서비스 욕구에 부응하여 일부 건물 공간을 내놓고, 시흥시 사회적경제 기업 시흥희망의료복지사회적협동조합이 이를 위탁을 받아 '은계커뮤니티케어센터 건강의 집'을 운영 중이다. 건강의 집은 사회복지사, 간호조무사 등이 근무하고, 의료협동조합 법인의 일차의료기관 방문진료와 연계하여 임대주택에 거주하는 노인, 장애인들과 인근 주민들의 건강을 돌본다.

영구임대아파트는 고령자와 장애인 등 취약계층이 많다. 당연히 의료 수요가 높다. 느슨한 방식의 지원으로는 부족해 보인다. 단지 안에 재가 지원 서비스를 제공하는 단위가 자리하도록 하고 여기에 의료 서비스가 결합하는 보다 적극적인 방식이 필요하다. 간호사 1~2명이 상근하면서 단지 내 고위험 환자

4. 서종균 외 『지원주택 사람들』 마음대로, 2021

들을 적극적으로 관리하도록 체계를 구축하면 좋다. 인근의 의료기관과 연계하여 일상적인 자문과 응급상황에 대응할 수 있는 체계를 마련해 둘 필요도 있다. 아니면 단지의 포괄적인 의료 지원 서비스에 대해 인근의 병원과 협약을 맺어 체계를 마련할 수 있다. 이러한 연계 속에서 병원이 간호사를 파견하여 일상적인 관리를 담당하는 방안도 고려해 볼 수 있겠다.

의료와 재활이 필요한 환자를 위한 중간집

:

살림의료복지사회적협동조합은 의료와 재활이 필요한 환자들이 일정 기간 체류하면서 일상생활 역량을 강화하는 '병원과 집의 중간집'을 운영한다. 장기 거주가 아닌 1개월에서 6개월 정도 기간만 거주하기 때문에 순수 거주 목적의 지원주택과는 다른 목적의 주택이다. 대개는 병원에서 급성기 치료가 끝나고 퇴원하지만 당장 집에서 생활하기 어렵거나 여건이 안 될 때 일정 기간 거주하면서 기능 강화 훈련을 받을 수 있는 곳이다.

부산 북구도 2020년부터 케어안심주택이라는 이름으로 중간집 서비스를 제공 중이다. 병원에서 퇴원 후 추가 회복이 필요한 어르신이 15~30일 정도 머물 수 있는 '다울 하우스'를 마련했다.[5]

---

5. 박성제 「애물단지 빈집을 퇴원 어르신 돌봄 공간으로」 『연합뉴스』 2022.3.21

노인 주거 계획 지원을 위한 리빙랩 Living Lab

:

주거 분야 리빙랩은 실제로 사는 주거 공간 또는 그와 유사한 공간 Test-bed에서 당사자를 포함한 다양한 이해당사자들이 공동연구 과정을 통해 당사자의 특성을 고려한 혁신적인 설계 전략을 발굴하고 실험, 검증하는 사업 운영 체계다. 리빙랩은 다양한 분야에 적용될 수 있는데 우리나라에서 노인 주거 계획에 리빙랩을 활용한 사례는 거의 없다.[6]

노인을 위한 주택을 건립하고자 할 때 리빙랩을 활용한다고 하면 공공임대주택이나 리모델링 매입임대주택 건립 단계부터 입주자를 선정하고 이들의 요구를 반영하여 세부 계획을 수립하게 된다. 노인을 위한 기본적인 공통 요소는 반영하겠지만 당사자 개인의 요구를 적극적으로 반영한다는 점이 기존의 건축 방식과 다르다. 입주 후에는 피드백 과정을 거쳐 개보수를 진행한다. 개별 요구를 반영하는 과정에서 당사자의 의료 요구에 따른 사항들을 고려할 수 있다. 예를 들어 신체 사용에 장애가 있는 노인의 경우 미끄러짐, 낙상 등을 방지하기 위한 장치들을 집안 곳곳에 설치해야 한다. 지원주택에서 리빙랩의 활용은 진일보한 거주를 가능케 하는 방안이다.

---

6. 김꽃송이 외 「노인 커뮤니티케어 주거계획 지원을 위한 리빙랩 운영 방안」『auri brief』
2020.12.15

에이징 인 플레이스 Aging in place

:

의료안심주택 건축만 기다릴 수는 없는 노릇이다. 지금 사는 주택을 개조하여 최대한 불편감을 해소하는 방안도 중요하다. 자기가 살던 곳이기 때문에 친숙한 환경에 따른 편안함이 있고 비용도 적게 드는 방식이다. 집수리만으로 개선할 수 있다면 더할 나위 없이 좋을 것이다. 이를 '에이징 인 플레이스'라고 한다. 주택은 필요에 따라 개조하면 될 터인데 지원 서비스를 어떻게 제공할 것인가가 관건이다.

이게 여의치 않으면 다른 기존 주택을 지원주택으로 개조하고 필요한 사람들이 이곳으로 이사하여 살 수도 있다. 새로운 환경에 적응하는 문제가 있겠지만 요양 시설보다 훨씬 개인의 독립성을 보장한다는 장점이 있다. 부산에서 진행된 이음하우스는 한 집에 두 명의 노인이 생활하는 공유주택 방식이다.[7]

미국엔 액세서리주택, 에코주택, 셰어주택이라 불리는 주택이 있는데 기존 고령자 주택의 일부를 증·개축해 임대하는 방식이다. 젊은 세대가 사는 주택 부지에 다른 소규모 주택을 건축해 고령자가 거주하기도 한다. 영국은 이미 1950년대부터 공

7. 서종균 외 『지원주택 사람들』 마음대로, 2021

영주택에 고령자 전용 주방, 화장실, 욕실, 긴급통보 시스템을 갖추기 시작했다. 영국은 커뮤니티케어법에 의해 노인들에게 필요한 가사 원조, 신체 개호, 식사 서비스 등을 제공하는 '케어 메니지먼트'를 도입했다. 네덜란드는 '주거와 케어의 혁신 프로젝트'를 추진해 막대한 비용이 드는 시설 케어에서 적은 비용의 자립형 주택으로 전환하고 있다. 덴마크는 재택 케어 시스템인 '엠프라이엠' 제도를 시행하는데 의료진과의 강력한 연계를 통해 24시간 케어 제공 체계를 구축했다. 주택 형태와 종류를 불문하고 같은 수준의 케어를 받을 수 있도록 했다. 정기순회가 기본이고 '긴급 콜'에 의한 임시 방문도 활성화됐으며 주간, 야간, 심야로 구분해 전속 직원을 배치한다. 1만~2만 명을 기준으로 구획해 기반을 정비하는 것이 특징이다. 일본의 고령자 주택은 1987년에 제도화된 '실버하우징 프로젝트'에서 시작됐다. 고령자를 위한 요양형 공공임대주택을 공급하여 10~30호당 재가복지센터에서 파견되는 직원 1명을 배치한다. 배치 인력은 입주 고령자에게 생활지도, 상담, 일시적 간호, 관련 시설과의 소통을 맡는다. 또한 케어 네트워크를 통해 방문간호, 지역포괄지원센터, 치매 대응형 공동주택 등을 구축했다.[8]

—
8. 천현빈 「고령화 초고속 진행 '노인 주거복지'가 급하다」 『데일리한국』 2019.1.16

지역사회 통합돌봄 선도사업 진행

:

2019년부터 개시한 지역사회 통합돌봄 선도사업 16개 지역 중 13개 지역이 노인 대상으로 사업을 진행 중이다. 그만큼 통합돌봄에서 노인이 차지하는 비중이 큼을 시사한다.

광주 서구는 고령자와 중증장애인 대상으로 가정방문을 시행하여 당사자에게 어떤 서비스가 필요한지를 결정한다. 방문자에게 태블릿을 제공하고 '행복 매니저'라는 프로그램에 입력하도록 하였다. 예를 들어 한의사가 방문진료를 마치고 그 결과를 행복 매니저에 저장하면 동과 구청의 서비스 코디네이터와 방문 도우미에게 알림이 제공된다. 한의사는 방문 전 행복 매니저에 입력된 정보를 참고하여 초기사정 시간을 단축할 수 있다. 동 공무원 역시 행복 매니저의 한의 서비스를 확인하고 영양 또는 운동 서비스 투입을 결정한다. 이렇게 취합된 돌봄 정보는 개인의 서비스 품질은 물론 광주 서구 통합돌봄 정책의 총량과 우선순위 결정에 활용된다.[9]

시범사업 지역 중 한 군데인 전주시는 상대적으로 취약한 보건의료 분야의 돌봄 안전망 강화를 위해 노력했다. 2022년 보건소를 포함 총 4개 사무국이 통합돌봄 정책 대상자 3,000명을

9. 윤종성 「복지국가다운 지역 중심 돌봄체계 구축, 경험과 과제」 『복지동향』 2022.1.1

[표2] 지역사회 통합돌봄 선도사업 참여 3개 시의 핵심사업

구분	핵심사업		
	보건·의료	요양·돌봄	서비스 연계
남양주시	방문약료(한방·양방) 사업	(지역복귀형·예방형) 마을 중심 사례 관리 지원 사업, 1인 가구 스마트 안심 지원 사업	정신건강 재활 프로그램 사업 연계, 비대면 사례 관리 지원 사업
부천시	방문진료·약료, 만성질환자, 우울·정신건강 관리, 100세 건강실	통합돌봄 제공(영양, 가사, 이동, 세탁), 재가의료 급여, 사회 서비스원 연계	지역 리더, 행복 디자인, 정리 수납, 식사 영양 지원 사업
안산시	방문 주치의 사업(의사, 간호사, 재활·물리치료사), 한의 방문진료 사업, 방문복약 지원 사업, 퇴원 지원(지역 연계) 사업	돌봄 공백 채움 서비스, 건강짝 꿍과 함께하는 마을돌봄, 맞춤형 영양서비스, 동행아동·마음타요 사업, 방문가사 지원/오지 패키지 사업, 실종 예방 안전 단말기 지원	

자료 : 각 시의 2021년 지역사회 통합돌봄 실행계획서

개인별 건강 상태에 따라 1~4차 안전망으로 분류해 관리하는 것인데 1차는 건강증진과 질병 예방, 2차는 일반 만성질환자 관리, 3차는 중증 만성질환자 관리, 4차는 마을 주치의 집중 관리로 구분한다.[10]

경기도에서는 남양주시, 안산시, 부천시 등 3개 지자체가 선도사업에 참여 중이다. 보건의료 분야 사업 내용은 방문진료, 방문약료, 주치의 시범사업, 만성질환자 관리, 정신건강 관리. 퇴원 지원 등이 포함되었다. [표2]는 3개 지자체 선도사업 내용

---

10. 조광엽 「복지부, 통합돌봄 의료연계 우수지역 전주시 '첫 방문'」 『국제뉴스』 2022.3.24

중 보건·의료, 요양·돌봄, 서비스 연계 내용을 정리한 것이다.[11]

안산시는 단원구 고잔동에 '보배안심주택'을 마련하여 제공하였다. 여기는 9가구가 살고 있는데 입주자 대부분 80대 고령이며 기초생활수급 대상자다. 보증금 400만~500만 원에 월 임대료 21만~27만 원을 낸다. 사회복지사가 매일 입주민의 건강을 확인하고, 물리치료사, 한의사, 약사의 방문의료 서비스도 제공한다. 도시락 배달과 세탁물 처리, 문화 활동 등 다양한 돌봄 프로그램도 진행한다.[12]

지역사회 통합돌봄 로드맵

:

2026년에 우리나라는 전체 인구 중에서 노인 인구가 20%를 점하는 초고령 사회에 진입할 것으로 예상한다. 이제 돌봄의 문제는 가장 중요한 사회 이슈다.

정부는 2022년까지 지역사회 통합돌봄 선도사업 시행과 핵심 인프라를 확충하고 2025년까지 통합돌봄 제공 기반을 구축하며 2026년에는 지역사회 통합돌봄을 보편화한다는 로드맵을 제시한 바 있다.

---

11. 황경란 외「경기도 지역사회 통합돌봄 선도사업 현황 분석 연구」『정책연구보고 2021-01』경기복지재단
12. 손효정「"제집서 여생을" 정부의 커뮤니티케어 정책」『BRAVOMyLife』2022.5.11

3.

장애인을 위한
지원주택과 의료

그동안 장애인 복지에서 주택 정책은 장애인 시설이 전부였다. 주거 기반으로 24시간 지원 서비스를 받으려면 시설로 들어가야만 했다. 재가 장애인을 지원하는 서비스도 마땅치 않아 가정에서 돌볼 형편이 안 되거나 중증일 때 시설 입소가 불가피했다. 우리나라에서 신체적, 지적·발달장애인 3만여 명이 집단 거주 시설에서 생활하고 있으며 이중 70% 이상이 지적·발달장애인이다.[1] 이와 별도로 정신장애인은 7만여 명이 정신병원이나 정신요양원 등 시설에서 지내고 있다. 합치면 10만여 명에 이르는 장애인이 시설에서 생활한다.

　　시설은 규격화된 서비스를 제공하고 입소 장애인은 시설의 규칙에 따라야 한다. 좁은 공간에서 많은 사람이 지내며 정해진 시간에 식사하고 정해진 시간에 자야 한다. 사생활 보장이 어렵고 자기결정권을 보장하는 건 불가능에 가깝다. 그렇대도 대안이 없어 수십 년 동안 시설에서 지내는 장애인이 많다. 시설에 갇힌 장애인은 사회에서 멀어지고 자립생활 능력을 키워나가는 것도 점점 더 어려워진다. 장애인은 젊은 나이에 입소하는 경우가 많아 오랜 기간 시설에서 지내다 시설에서 생을 마감하는 사람도 많다.

삶의 마지막 단계에서 요양원에 입소하여 2~3년 정도 지내다 생을 마치게 되는 고령자들과는 시설 입소 과정이나 경과가 다르다. 그동안 주체적인 삶과 자기결정권을 중시하는 탈시설 운동은 주로 시설 장애인들을 중심으로 진행되었다. 이들 마음에는 탈시설을 갈망하는 한편으로 지역사회 자립생활에 대한 두려움이 깔려 있다. 우리 사회가 준비해야 하는 건 탈시설 장애인들이 지역사회에서 비장애인과 더불어 온전히 자기 삶을 살 수 있기 위한 여건 마련이다.

탈시설 흐름이 강화되면서 시설과 지역사회 중간 단계의 자립생활주택이 제공되기 시작한다. 온전한 자립생활이 가능하도록 주택과 지원 서비스가 결합된 지원주택 논의도 활발해졌다. 정부 정책에도 변화가 생긴다. 2021년 8월 2일 정부는 '탈시설 장애인 지원을 위한 로드맵'을 발표한다. 지역사회 통합돌봄 정책이 속도를 내면서 지역사회 내 다양한 장애인 주택에서 생활함에 맞는 주거 지원 서비스 기준을 마련할 필요성도 대두한다.

장애인 거주시설

:

2020년 12월 서울 송파구에 위치한 장애인 거주시설 신아재활원(신아원)에 코로나 집단 감염이 발생한다. 장애인 거주시설에 대한 정부의 대책은 코호트 격리로 시설 전체봉쇄였다. 장애인 단체들은 즉각 항의 시위를 조직하고 긴급 탈시설을 주장한다. 집단 거주시설은 코로나와 같은 전염병에 속수무책이었다. 장애인 거주시설 방역 대책이라는 게 따로 있지도 않았기에 집단으로 거주하는 장애인 시설은 코로나 같은 전염병에 취약할 수밖에 없다.

거주시설에서는 정해진 시간에 밥을 먹고 정해진 시간에 잠을 자며 정해진 옷을 입어야 한다. 일상생활에서 자기가 결정할 수 있는 게 그리 많지 않다. 대규모 시설로 갈수록 개인의 영역은 줄어들게 마련이다. 규모가 작은 장애인 공동생활가정도 있다. 지역사회 안에 있는 가정과 유사한 환경에서 공동으로 살면서 독립적인 생활에 필요한 각종 서비스와 지원을 받을수 있는 곳으로, 자립과 사회 통합을 목표로 운영되는 소규모 지역사회 거주시설이다. 2018년 현재까지 전국에 거쳐 752개에 달한다.

장애인 자립생활주택

:

가족이나 시설 의존에서 벗어나 자기 주체적인 삶을 살고자 하는 장애인에게 자립생활주택은 비장애인들의 일상을 체험하고 배울 수 있는 공간을 제공한다. 선택권과 자기결정권, 자기 통제를 보장하면서 자립을 경험할 수 있도록 주거 공간과 자립생활을 체험할 수 있는 기회를 제공한다. 지역사회 정착 전 중간 단계의 주거 형태이자 시설과 지역사회 사이의 징검다리 역할을 하며 자립에 대한 두려움을 해소하는 데 기여한다. 한 주택에서 2~3명이 함께 생활하며 각자의 방을 쓰고 스스로 일상을 꾸린다.

마찬가지로 주거 편의를 위해 다양한 서비스를 지원한다. 건강 관리도 중요한 내용 중 하나다. 경기도 장애인 자립생할 체험홈 관리 운영 지침에는 '시력, 청력, 치아, 알레르기. 감염증, 호흡기질환, 생리, 감각 상태, 건강 상태 및 질환, 주보행 방법, 보장구 착용 여부, 과거 진단력·치료 내역, 복용 중인 약물, 피부 상태. 가족 병력, 체험홈 거주시 의료 지원이 필요한 사항'이 건강 관련 지원 서비스로 열거되어 있다.[2]

---

2. 서해정 외 「지역사회 장애인 주거지원서비스 기준 개발 연구」 『정책 21-14』 한국장애인개발원, 2021.10

장애인 지원주택

:

주택과 서비스가 결합한 것을 지원주택이라 할 때 주택에 관한 권한과 서비스에 관한 권한은 별도로 모두 장애인 개인에게 속한 것이며, 이 둘이 결합하여 장애인에게 속해 있는 주택을 '지원주택'이라 부를 수 있다. 즉 주택과 서비스의 결합은 서비스가 주택에 묶여 시설과 같이 패키지 형태로 장애인에게 제공된다는 의미가 아니라, 장애인 개인이 주택과 서비스에 모두 권한을 가진다는 의미다.[3]

장애인 지원주택은 서울시가 '장애인 거주 시설 탈시설 추진계획'에 따라 2018년 본격적으로 도입한다. 지원주택은 장애인에게 적합한 방식으로 설계된 공공임대주택과 주거 서비스가 함께 제공된다. 1인 1주택을 원칙으로 하며 서울시 경우 최장 20년까지 거주할 수 있도록 했다. 이에 따라 수십 년 동안 장애인 거주 시설에서 생활하던 발달장애인들이 지원주택에서 자립생활을 시작한다.

서울시가 제시하는 장애인 자립 지원주택은 세 가지 유형([표 3])인데 ①공공임대주택 입주와 주거 생활 서비스가 동시에 이뤄지는 '공급형 지원주택'('22년 248호) ②거주하고 있는 집에서

---

3. 서해정 외 「지역사회 장애인 주거지원 서비스 기준 개발 연구」 「정책 21-14」 한국장애인개발원, 2021.10

[표3] 장애인 자립주택 유형

구분	장애인 지원주택(SH 공급형)	발달장애인 지원주택 통합서비스(SH 비공급형)	장애인자립생활주택
개념	공공임대주택+주거서비스	본인이 거주하는 집에 주거서비스만 제공	공공임대주택, 민간주택+ 주거서비스(코디네이터 인력 지원)
이용 대상	만 18세 이상 등록 장애인 (발달장애인 우선)	만 18세 이상 발달장애인 (탈시설 장애인인 경우 타 장애 가능)	탈시설 욕구가 있는 서울 시 거주시설 이용 장애인
입주 인원 (주택당)	1인 원칙(2~3인 공동거주 가능)	1인(2~3인 공동거주 가능)	2인(가형, 나형은 3인 가능)

자립생활주택 가·나형은 지체장애인 및 경증 발달장애인 대상, 다형은 중증 발달장애인 대상

주거 생활 서비스만 받을 수 있는 '비공급형 지원주택'('22년 120
호) ③지역사회에 정착하기 전 자립생활을 체험해 볼 수 있는
중간 단계 주거 형태인 '자립생활주택'('22년 91호)이다. 2022년
까지 서울시는 총 459호로 확대한다고 발표하였다.[4]

　서울시의 장애인 지원주택은 서울주택도시공사가 주택을 제
공하고 이를 운영할 서비스 제공기관을 공모해서 정한다. 신청
자격에 '폐지 결의 시설 또는 폐지 시설 관련 법인(시설)의 종사
자를 고용 승계 할 수 있는 기관'이라고 명시하고 있어 지원주
택이 탈시설의 대안임을 명확히 하고 있다. 공모 과정을 거쳐

4. 강혜민, 서울시, '장애인 자립지원주택' 22년까지 459호로 확대, 비마이너, 2020.4.8

2020년 하반기에는 프리웰(양천구), 엔젤스헤이븐(은평구), 성빈복지관(노원구), 인강재단(도봉구) 등이 선정된다.

그러나 지원주택 관련 구분에 대한 서종균의 의견은 아래와 같다.

"서울시는 장애인 분야 지원주택사업을 공급형, 비공급형, 자립생활주택과 같은 중간거처형으로 구분하는데, 이런 구분법은 적절하지 않으며 외려 개념의 혼란을 초래한다. 공급형은 지원주택으로 보아야 한다. 비공급형이라고 칭한 것은 주거유지 지원 서비스가 주택과 별도로 지역사회에서 제공되는 것을 뜻한다. 공공이 제공하는 것은 주택이 아니라 서비스인 것이다. 이를 '플로팅 서비스 Floating service'라 부르기도 한다. 자립생활주택과 같은 중간거처는 영구적 거처를 제공하는 지원주택과 다르다. 세 가지 사업 모두를 포괄하는 개념은 자립생활을 지원하기 위한 방식들이다. 서울시 장애인정책과에서 제시하고 있는 이런 구분법이 어떻게 나왔는지 추정할 수는 있다. 지원주택은 자립생활, 자기결정권 등의 원칙을 중시한다. 지원주택이 이런 원칙을 강조하면서 정책 수단으로 등장하자, 같은 지향을 가지고 있는 정책 수단들이 마치 지원주택 정책의 일부인양 잘못 분류된 것이라 할 수 있다."

지원주택이 기존의 임대주택과 다른 가장 큰 차이는 지원 서비스의 제공이다. 이를 위해 일정 비율로 전담 코디네이터를 배치해 장애인들의 생활을 돕도록 한다. 지원 서비스의 내용은 지원 대상의 일반적인 특성이나 개인의 요구에 따라 달라질 수 있다. 한 보고서에서는 성인 발달장애인 지원 서비스를 일상생활, 사회참여, 보건의료, 옹호, 주거 등 5가지 영역으로 구분하였다.[5]

시설에서 지원주택으로

:

사회복지법인 프리웰(구 석암재단)이 스스로 시설을 폐지하고 거주인의 탈시설을 추진한 게 우리나라 탈시설 최초 사례다. 2009년 6월 '마로니에 8인'으로 불리는 시설장애인들이 대학로에서 농성을 벌이면서 장애인 탈시설 운동이 궤도에 오른다. 이들은 석암재단 비상대책위원회 소속이었다. 비리재단이었던 석암재단 비리 이사진 처벌 후에[6] 새로 선임된 이사진들은 시설 폐지를 전제로 탈시설을 추진한다. 프리웰이 운영하던 중증장애인 주거 시설 '향유의 집'(구 석암베데스다요양원)에 거주하던

---

5. 서해정 외 「지역사회 장애인 주거 지원 서비스 기준 개발 연구」 『정책 21-14』 한국장애인개발원, 2021.10
6. 석암재단은 장애수당 및 국가보조금 횡령, 시설 영구입소비 명목으로 장애인 가족에게서 수천만 원 갈취 등 비리 온상 법인. 설립자 일가족을 중심으로 설립자의 조카와 친구 딸, 며느리의 조카까지 비리·횡령을 저지름. 제일 처음 고발한 석암베데스다요양원 거주자들 덕에 석암재단의 비리·횡령 사실이 세상에 알려지고 설립자 일가는 줄줄이 실형 선고를 받음. 지난한 과정 끝에 비리세력이 물러나고 공익 이사진이 들어서서 시설 폐지와 탈시설을 추진 (하민지 「[조선닷컴 탈시설 왜곡] 탈시설 장애인이 빌라에 홀로 방치되다 사망했다?」『비마이너』 2022.5.21)

장애인들은 2019년 12월부터 지원주택으로 옮겨 자립생활을 시작하고 프리웰은 이들의 생활을 지원했다.[7] 2021년 4월 30일 거주 시설인 '향유의 집'은 폐쇄되어 36년 만에 역사의 뒤안길로 사라진다.

오랜 기간 장애인 거주 시설을 운영하던 엔젤스헤이븐도 거주 시설 전환과 탈시설을 선언하고 지원주택 운영에 참여한다. 엔젤스헤이븐은 서비스 제공을 위해 지원주거센터를 설치한다. 이때 독립하는 장애인들의 건강을 돌보기 위해 의료 지원 문제가 제기된다. 이를 해결하기 위해 2021년 3월 3일, 엔젤스헤이븐 지원주거센터에 생활하는 장애인의 주 장애 및 일반 건강 문제를 지속적으로 관리할 수 있도록 지원하는 '건강지원 협의체'가 구성되었다. 협의체에는 살림의원(살림의료복지사회적협동조합), 서울재활병원, 장애인보건의료센터, 엔젤스헤이븐 지원주거센터가 참여했다. 의료기관인 살림의원과 서울재활병원이 방문진료를 하고 이 내용을 바탕으로 장애인보건의료센터는 지원주택 주거 장애인에게 보건의료복지 서비스를 연계하는 역할을 한다.[8]

탈시설에 대한 저항도 만만치 않다. 조선닷컴 2022년 5월 1

7. 향유의 집 입소자 60명 중 지원주택으로 옮긴 장애인은 43명, 나머지는 자립생활주택 1명, 타시설 전원 6명, 원가정 복귀 3명, 자립 1명, 사망 6명임
8. 서울재활병원 블로그 blog.naver.com/seoulrh

일 자 기사는 탈시설 사업으로 독립한 장애인이 제대로 된 지원을 받지 못해 방치되다가 욕창으로 인해 결국 사망했다고 쓴다.[9] 프레윌 운영 지원주택에서 생활하던 장애인을 사례로 들며 탈시설 때문에 의료 공백이 생겼다고 지적한다. 그러나 해당 기사는 탈시설 사업 자체를 비판하기 위해 사망 원인을 무리하게 욕창으로 연결 짓고 있다. 이동권 운동을 주도하던 전국장애인차별철폐연대(이하 전장연)를 탈시설의 부작용 사례를 거론하며 비판한다.[10]

지원주택이 있었기에 장애인 탈시설이 가능했다. 탈시설은 장애인 삶의 질을 크게 향상시킨다. 프리웰이 개최한 '지원주택 모델 구축 사업 성과 공유회'에서 한 탈시설 장애인은 다음 이야기로 심정을 토로하였다.[11]

"탈시설 하면 일대일 케어를 한다는데 장애인한테 그게 가능하다고 생각하지 않았습니다. 그런데 막상 지원주택으로 나와 보니 제가 그동안 얼마나 우물 안 개구리였는지 나오자마자 느꼈습니다. 한 가지를 해도 생각이란 걸 하면서 살게 됐습니다.

—
9. 최훈민 「[단독] 넉달 만에 욕창으로…탈시설 사업으로 '독립'한 장애인의 쓸쓸한 죽음」 『조선일보』 2022.5.1
10. 하민지 「[조선닷컴 탈시설왜곡] 탈시설장애인이 빌라에 홀로 방치되다 사망했다?」 『비마이너』 2022.5.21
11. 하민지 「탈시설장인들 "장애인 동료들, 시설에서 빨리 나오세요"」 『비마이너』 2022.5.25

뭘 하든 부정적이었던 제 삶이 긍정적으로 바뀌었습니다. 지원주택에 와서 제 모든 인생이 바뀌었습니다. 일대일 24시간 케어가 100% 가능했고, 집도 주고, 돈도 주고, 일자리도 줘서 지금 무지무지 행복해요. 장애인 동료 여러분, 지금이라도 늦지 않았습니다. 적극 탈시설 하시기 바랍니다. 누림홈 거주인 어머니들도 거주인들을 시설에 두지 말고 빨리 탈시설 시키시길 바랍니다."

그러나 장애인 탈시설은 여전히 지지부진하다. 우리나라 장애인 거주 시설의 90% 이상이 민간 운영이다 보니 이해관계가 얽혀 있어 추진이 어려운 현실이다. 공공의 역할, 시민의 역할이 중요한 시기다.

지역사회 통합돌봄

:

고령화가 진행되면서 지역사회 돌봄이 화두로 떠오르고 고령자 돌봄과 더불어 시설에서 지내는 장애인 탈시설이 관심의 대상이 되었다. 2019년 시작된 지역사회 통합돌봄 선도사업은 대구 남구, 제주 제주시, 광주시 서구, 경상남도 김해시에서 장애인 대상 시범사업이 추진된다. 경기도 화성시는 정신장애인 대상으로 진행되었다. 초기 선도사업의 정책 대상은 전체 장애인 중 1.6%(약 4만4천 명)인 시설 거주 장애인에게 더 초점이 맞춰졌는데 특히 시설 거주 장애인의 76%는 인지기능 및 의사소통 제한 때문에 지속적 지원이 필요한 발달장애인이었다. 그러다 보니 지역사회 내 주거, 건강·의료, 요양·돌봄, 서비스 연계 등의 통합적인 대안 체계 구축을 전제로 하지 않는 탈시설은 한계에 봉착할 수밖에 없었다.[12]

대구시립 희망원 사건을 계기로 전국 최초 탈시설 지원 시범사업을 추진한 대구는, 대구시사회서비스원을 출범, 희망원의 운영 위탁 및 탈시설 장애인의 지역사회 복귀와 정착을 지원한다. 대구 남구가 지역사회 통합돌봄 시범사업에도 지정되어 사업을 체계화하는 중이다. 제주시 선도사업은 돌봄, 주거, 보건의료 사업으로 구분 가능한데 제주시장애인지역사회통합돌봄지원센터를 주축으로 분야별 민간기관을 연계해 서비스를 제공한다.[13]

장애인을 대상으로 하는 지역사회 통합돌봄은 (1) 거주시설에 거주하는 장애인 중 지역사회로의 전환을 희망하는 장애인을 대상으로 하는 지역사회 내 생활 조건 개선, 보호 및 치료 관련 환경 개선을 포함하고, (2) 지역사회에서 생활하는 재가

---

12. 황주희 외 「지역사회 통합돌봄 선도사업과 고령장애인 : 현황과 과제」 『ISSUE & FOCUS 제416호』 한국보건사회연구원, 2022.1.10
13. 서해정 외 「탈시설 장애인을 위한 주거지원체계 구축 방안 연구」 『정책 21-1』 한국장애인개발원

장애인을 대상으로 하는 주거, 건강·의료, 요양·돌봄, 서비스 연계 등을 통한 지역사회 내 적절한 대안 체계 마련 등 시설 입소 예방 측면을 포함하는 투트랙 Two-track 접근 방식을 적용해야 한다.[14]

탈시설 장애인 자립지원 로드맵

:

장애계의 탈시설 운동과 지역사회 통합돌봄 흐름이 가속화하면서 정부는 2021년 8월 2일, 단계적인 시설 거주 장애인의 지역사회 자립생활 지원 추진을 위해 '탈시설 장애인 지역사회 자립지원 로드맵'을 발표한다.[15] 2022년부터 2024년까지 시범사업을 추진하면서 법령개정 등 제도·인프라를 구축하고 이후 지역사회 거주 전환을 지원하여 2040년경 마무리한다는 계획이다.

로드맵에 따라 보건복지부는 2022년부터 '탈시설 장애인 지역사회 자립 지원 시범사업'을 지자체 10곳, 지역당 20명 총 200명을 대상으로 시작한다. 추진계획 내용을 보면 제공하는 주택은 한국토지주택공사 등 공공임대주택을 활용하되 1인

---

14. 황주희 외 「지역사회 통합돌봄 선도사업과 고령장애인: 현황과 과제」「ISSUE & FOCUS」제416호 한국보건사회연구원, 2022.1.10
15. 보건복지부 「탈시설 장애인 지역사회 자립지원 시범사업 추진계획」 2022.1

1가구로 임대료는 자부담이 원칙이다. 보건의료 분야 지원 내용은 장애인 건강주치의, 방문진료 등에 연계하거나 건강검진비, 보조기기 구매지원 들이 포함된다. 구체적인 내용은 아래 [표 4]와 같다.

현재 서울특별시, 부산광역시, 대구광역시, 인천광역시, 광주광역시, 충청남도 서산시, 전라북도 전주시, 전라남도 화순시, 경상북도 경주시, 제주특별자치도 제주시 등 10개소가 지정되

[표4] 보건의료 분야 지원 내용

구분	지원 내용
장애인보건의료센터	장애인 건강보건관리 및 재활의료 지원, 여성장애인 모성보건사업, 건강검진 등 의료서비스 제공 지원
건강검진 지원	연 1회 1인당 40만 원 비용 지원 -장애인의 예방적 건강 관리를 위해 장애 친화적인 시설·장비·인력을 갖춘 장애 친화 건강검진기관(종합병원 19개소) 지정
건강관리	보건소를 통한 건강행태 개선 및 만성질환 관리, 건강증진센터 등을 통한 질환 예방사업 등 연계 -전국 254개 보건소 지역사회중심 재활사업(CBR)을 통해 만성질환 관리, 자조모임 참여 등 장애인 건강개선을 위한 통합적 건강관리 지원
발달장애인 거점병원·행동 발달증진센터	발달증진 프로그램, 행동평가, 문제행동 프로그램, 부모교육, 사회성 증진 프로그램, 언어평가 및 치료, 지역사회 연계 등(서울, 부산, 인천, 강원, 경기, 경남, 충북, 전북 지역 내 10개소)
건강주치의 제도	거주지역 내 건강주치의 일대일 매칭 지원을 통한 건강관리 공백 방지 -중증장애인 대상 지속적·포괄적 건강관리 서비스 제공을 위한 3단계 시범사업 진행 중(의원급 의료기관 참여)
보조기기 지원	지역 보조기기센터를 통해 사회활동 참여 및 생활에 필요한 보조기기 교부와 사례관리 서비스 등 지원 -시범사업 참여자에게는 기존 보조기기 지원제도와 중복되지 않는 범위에서 1인당 300만 원의 보조기기 구매 지원(기존 장애인 보조기기 지원 사업의 대기수요 등 고려하여 시범사업 별도 지원)

어 시범사업을 진행 중이다. 그러나 시범사업이 적절하게 진행되는지 의문이다. 장애인 특성을 고려하면 엘리베이터는 필수인데 대구시에서 탈시설 장애인에게 공급 예정인 주택 71호 중 엘리베이터가 설치된 주택은 단 1호뿐이라 한다. 주택의 유니버설 디자인 문제, 계약 주체로서의 당사자 문제 등도 지적된다.[16]

16. 하민지 「탈시설 시범사업 시작하는데, 주택 공급은?」 『비마이너』 2022.5.27

4.

정신장애인의
탈시설

현재 정신장애인 6~7만여 명이 정신병원과 정신요양원 등 시설에서 지내고 있다. 치료나 재활보다 그냥 주거 목적으로 수용된 사람이 많다. 이 중에서 많은 정신장애인이 여건만 된다면 지역사회 복귀가 가능하다. 지역사회 복귀와 돌봄은 정신장애인 돌봄 문제고 인권 문제다. 정신장애인의 탈시설은 지역사회 정신보건이라는 관점에서 다뤄져야 한다. 우리나라 정신장애인은 오랜 기간 시설에 수용되어 지내왔다. 그만큼 지역사회 거주가 낯설기도 하고 이를 위한 인프라도 제대로 갖춰지지 않았다.

　정신장애인은 가족과 갈등이 심한 사람이 많다. 증상 악화로 가족에 의해 정신병원에 강제 입원하게 되는 사례가 많으며 이 때문에 환자는 트라우마를 안는다. 이 과정에서 정신장애인은 자신을 강제 입원시킨 가족을 원망하고, 가족들도 정신장애인 돌봄이 더 부담스러울 수밖에 없다. 정신병원에 입원한 환자 증상이 호전되어도 집으로 복귀하는 걸 가족이 반대하기도 한다. 원가정 복귀를 탈시설의 전제로 하면 해결책을 찾기 어렵다. 정신장애인 지역사회 복귀는 주거 문제와 같이 풀어나가야 하는 과제다.[1] 그래서 지원주택은 정신장애인 탈시설의 강력한 방법론으로 대두한다.

정신장애인 탈시설에서 주거 문제

:

유럽에서는 1950년대 이후 정신장애인 탈시설의 흐름이 커지면서 지역사회 거주를 위한 다양한 기반들을 마련한다. 가장 혁신적인 방식으로 탈시설에 성공한 이탈리아는 바살리아법에 따라 대규모 정신병원을 폐쇄하면서 지역사회 복귀를 위한 인프라를 준비한다. 주거와 고용 문제는 핵심 과제였다. 바살리아법 실행 이후 정신병원이 완전히 폐쇄되고 정신장애인이 지역사회로 복귀하기까지 실제 20여 년의 시간이 걸린다. 그만큼 정신장애인이 지역사회에 통합되어 살아가기 위해 준비해야 할 것이 많다.

미국에서는 1955년 무렵 정신장애인 55만8천 명 이상이 정신병원에서 생활하고 있었으나 2000년에는 무려 90%가 줄어

---

1. 2017년 장애인 실태조사 결과에 따르면, 장애인 가구가 공공임대주택에 거주하는 경우 9.3%, 정신장애인은 16%로 상대적으로 높음. 재가 장애인 중 자가에 거주하는 비율은 62.3%인 데 비해, 정신장애인은 49.2%로 15개 장애 유형 중에서 가장 낮음

들어 5만5천여 명만이 정신병원에 남는다. 지적·발달장애인의 경우 1967년에 19만4천 명 이상이 대규모 시설에 거주하였지만 2009년에는 3만2천여 명으로 84%가량 줄었다. 미국은 탈시설 흐름 초기에 정신장애인이 시설에서 나와 지역사회로 복귀하려 할 때 주거 문제가 제대로 해결되지 않았다. 지역사회에 통합되기보다 방치되어 노숙인 처지가 되는 이가 늘어났다. 정신장애인의 노숙이 새로운 사회 문제로 대두한다. 이를 해결하기 위해 지원주택이 등장한다. 현재까지 미국에는 정부의 지원으로 15만 개 이상의 지원주택이 만들어졌다. 미국 정부가 이처럼 지원주택을 만든 것은 단순히 정신장애인들이 인간적인 삶을 살기 바라는 이유 때문만은 아니었다. 수많은 연구 결과를 통해 이들에게 지원주택을 제공하는 편이 병원이나 집단 거주 시설, 길거리에서 생활하면서 복지·의료서비스를 이용하는 것보다 오히려 '경제적'이라는 사실이 입증되었기 때문이다.[2]

우리나라 정신장애인의 탈시설은 요원하다. 여러 복합적인 요인이 작용한다. 정신병원이나 정신요양 시설들 대부분이 민간 운영이기 때문에 탈시설 정책을 강제하기 어려운 부분도 있고, 막상 탈시설 하더라도 지역사회 복귀를 위한 인프라

2. 강민수 「문재인 정부의 공약, 지원주택을 아시나요?」 『오마이뉴스』 2017.11.15

가 미미하여 탈시설 여정이 쉽지 않은 면도 있다. 2018년 국가인권위원회가 실시한 정신장애인 지역사회 거주 치료 실태 조사 결과에 나타난 정신과 병원에서 퇴원하지 않는 이유는 다음과 같다. '퇴원 후 살 곳이 없기 때문에' 24.1%, '혼자서 일상생활 유지가 힘들기 때문에' 22.0%, '가족과 갈등이 심해 가족이 퇴원 또는 퇴소를 원하지 않기 때문에' 16.2%.[3] 설문 결과는 우리에게 정신장애인이 지역사회에서 살아가기 위해서는 우선 거주할 곳이 필요하고 일상생활을 지원해 주는 서비스가 필요함을 일깨운다. 그렇다면 어떻게 이 문제를 해결할 것인가?

탈시설을 위한 시도들

:

정신장애인 주간 재활 시설인 '태화샘솟는집'은 1993년 가족과 살 수 없게 된 한 이용자가 시설 인근에서 하숙할 때 혼자 살 수 있도록 지원하면서 주거 지원 서비스를 시작한다. 자립생활에 필요한 지원 서비스 제공은 지원주택 개념에 부합한다. 지원 서비스 제공은 당사자가 지역사회에서 살아가는 데 대한 강력한 지지다. 실제 태화샘솟는집 자립회원의 입원 기

---

3. 서종균 외 『지원주택 사람들』 마음대로, 2021

간은 39.4일로 전체 정신장애인 입원 기간 131.5일에 비하면 1/3밖에 되지 않는다. 재입원율도 낮아 지역사회 정착에서 안정된 주거와 이를 뒷받침하는 지원 서비스의 중요성을 확인할 수 있다.

정신장애인에게 지원주택을 본격 제공하기 시작한 것은 2016년 서울시가 고령자, 장애인, 노숙인에게 지원주택을 보급하면서부터다. 노숙인도 정신질환이 있거나 알콜 의존 환자를 대상으로 하였다. 2020년 기준 서울시의 정신장애인을 위한 지원주택은 16호에 불과하다. 지원주택을 가장 먼저 추진한 서울시가 이 정도니 다른 지자체는 더 말할 필요도 없다. 정신장애인을 위한 지원주택 규모가 미미하여 본격적인 정신장애인 탈시설을 추동하기에는 어림없는 실정이다.

[표5]는 서울시 정신건강복지센터의 지원주택 운영 매뉴얼에 담긴 주거 유지 지원 서비스의 구체적 내용이다. 한 명의 정신장애인이 지역사회에서 살아가려면 다양한 서비스가 제공되어야 한다. 그럼에도 당사자 존엄과 인간다운 삶을 위해 탈시설은 필요하다. 우리 사회가 이를 준비하기 위해 힘을 기울여야 하는 이유는 충분하다. 앞서 언급했듯이 경제적 관점에서도 시설 유지보다 지역사회 자립생활 쪽이 훨씬 더 유리하다는 사실이 확인된 바 있다.

[표5] 정신질환자 주거 유지 지원 서비스의 예시[4]

건강영역지원	정신건강관리	자·타해의 위험, 정신과적 증상, 약물 관리, 스트레스 관리, 음주 및 중독 문제
	신체건강관리	신체질환, 건강검진, 정신의료기관을 제외한 기타 병의원 이용
생활영역지원	입주 및 퇴거	입주 지원 서비스, 퇴거 지원 서비스 등
	주거지 유지 관리	공과금, 임대료 연체 관리를 통해 주거 유지 관련 문제 해결 지원
	주택시설관리	주택 유지 보수 점검 및 관리, 주택 안전 관리, 서비스 연계 등
	일상생활관리	자기 관리, 식생활, 주간/여가 활동, 및 문화생활, 전화 및 교통 수단 이용
	개인위생관리	위생, 청결, 용모 관리 등
	가사관리	청소, 빨래, 식사 준비 등
	금전관리	재정 및 금전 관리, 생활비 관리, 저축 등 경제활동 지원
사회적영역 지원	가족관계	부부와 부모자식 관계, 자녀양육 등
	대인관계	가족관계를 제외한 다양한 인간관계, 사회기술 등 포함
	지역사회 커뮤니티 연계	지역사회 통합을 위한 종교활동 및 지역사회 마을 활동 연계
	학업 및 직업	교육/고용에 대한 욕구 지원, 관련 서비스 연계 등
	사회복지 서비스	주거 및 지역사회 복지 서비스 등 자원 연계 지원, 동료 상담 지원 서비스, 자조그룹 연계 등
	인권 및 사회적 안전	법적 보호 및 옹호, 인권 차별, 안전 및 폭력 등
기타영역 지원	대상자의 특성과 욕구에 따라 위 항목 외에 각종 서비스 지원(위기관리 지원 서비스 등)	

4. 서울시 정신건강복지센터 『서울시 정신질환자 지원주택 운영 매뉴얼』 2019

화성시의 정신장애인 지역사회 통합돌봄 선도사업

:

　지역사회 통합돌봄 선도사업이 2019년 시작되었다. 정신장애인 대상 통합돌봄 사업은 유일하게 신청한 화성시가 선정되어 2019년 6월부터 2년 동안 진행했다. 지역사회 통합돌봄은 결국 탈시설로 귀결될 수밖에 없고 이는 주거 문제의 해결이 전제 조건이다. 화성시에서 시범사업이 시작되고 나서 이 지역에 강연 초청을 받아 방문한 적이 있다. 정신병원이나 요양 시설에 거주하는 정신장애인들이 탈시설 후 지원주택에 입주해야 하는데, 병원과 시설들이 탈시설을 경계하며 시범사업에 비협조적이어서 애로를 겪는다는 얘기를 들었다. 얽힌 이해관계 때문이리라 생각한다.

　통합돌봄을 위해서는 지역사회의 참여가 절대적이다. 2018년 설립된 화성의료복지사회적협동조합은 정신장애인을 위한 화성시의 선도사업에 적극적으로 참여하여 모범을 보여 주었다. 사업 과정이 순탄치만은 않았던 듯하다. 정신장애인에 대해 편견과 선입견이 있던 조합원은 이 사업 참여에 반대하거나 불만을 토로했다고 한다. 우여곡절 끝에 협동조합은 '확대형 가사 지원 서비스'로 정신장애인들이 퇴원 후 지역사회 복귀를 할 수 있도록 가사·일상생활, 신변활동을 지원하는 사업을 같이하게 된다. 실제 2019년도 말 대상자 13가정을 10명의 활동가가 300시간을, 2020년도에는 24가정을 6명의 활동가가 1,000시간을 지원한다.[5] 의료협동조합이 단지 의료기관을 개설하여 조합원들에게 의료 서비스를 제공하는 수준을 넘어 조합원들이 아픈 이웃과 함께하면서 이들을 지지할 수 있는 활동 모델을 제시했다는 점에서 뜻깊은 활동으로 평가할 만하다. 조합원은 정신장애인과 만남을 통해 이들을 이해하게 되는데 이러한 이해는 정신장애인이 지역사회에 함께 살아가는 데 의미 있는 토양이 된다.

정신건강복지센터의 역할

:

정신장애인은 시설이나 병원을 나와도 계속 치료와 관리를 따라야 한다. 상담이나 약을 꾸준히 유지해야 하거나 증상이 심해져 응급 대응이나 입원이 필요해지기도 한다. 정신보건 전문가의 대응이나 조언이 필요하다. 단순히 정신장애인 지원주택 서비스의 일환이 아닌 지역사회 정신보건 관점에서 포괄적으로 접근할 사안이다. 지역사회 정신보건의 핵심은 정신건강복지센터다. 이 센터를 확대하고 강화해야 한다. 기초지자체당 1개소 정도의 비율로 설치되어 있는데 일단 센터 수가 크게 부

---

5. 이란 「커뮤니티 케어, 일상의 벗이 되기까지」, 「화성시민신문」 2021.8.9

족하고 단위 센터의 규모나 기능도 충분히 제 역할을 다하기에는 부족하다. 센터에서 직접 정신건강의학과 진료를 담당할 필요도 있다. 센터가 자기 담당 구역의 정신장애인들을 담당하기 때문에 당연히 지원주택에 거주하는 정신장애인도 책임져야 한다. 탈시설의 결정부터 지원주택을 마련하고 서비스를 지원하고 유지하는 전체 과정에 센터의 개입이 필요하다. 지원주택 관리까지 담당하기 어려우면 서비스 코디네이터와 긴밀하게 협조한다. 센터에 진료 기능이 갖춰지면 정기적으로 지원주택을 방문하여 상태를 살피고 필요할 때는 집중적인 개입이 들어갈 수도 있다. 물론 센터가 자기 집에 사는 정신장애인도 방문하여 진료할 필요가 있다. 지금의 센터로서는 이런 역할을 충분히 수행하기에 역부족이다. 이런 점이 정신장애인 지원주택 거주 확대 즉 탈시설의 걸림돌로 작용한다.

지원 서비스는 거주 문제뿐만 아니라 의료, 재활, 고용 등의 요구까지 확대될 수 있다. 개인 맞춤형 서비스가 정신보건의 관점에서 충분히 그리고 적절하게 제공되어야 지역사회 통합이 가능해질 것이다.

편견과 이해관계를 넘어

:

주거 문제 이전에 탈시설을 가로막는 다양한 방해물이 존재

한다. 대부분 민간이 운영하는 정신병원과 정신요양 시설은 직접적인 타격을 받을 수 있어 탈시설 운동을 경계하거나 비협조적이다. 지역사회 주민들도 평소 정신장애인을 접할 기회가 적어 막연한 편견에 사로잡혀 있는 이가 많다. 언론도 이들에 대한 이해 부족이 태반이다. 정신장애인과 더불어 살아가기를 설득하는 게 쉽지 않다. 그러나 이러한 장벽을 넘어 정신장애인의 탈시설을 성취하고 지역사회로 복귀하는 건 당사자의 존엄과 인권을 위해 꼭 필요한 여정이다.

5.

지원주택은
사회 약자를 위한
대안

지원주택의 주 대상은 고령자와 장애인들이다. 이외에도 지원주택이 필요한 사람들이 많다. 거주할 곳이 없어 거리에서 배회하는 노숙인들이 꼽힌다. 거주할 집이 없으니 당연히 지원주택 대상이 된다. 처음 지원주택 개념이 노숙인에게 주거할 곳을 제공하면서 시작되었다. 지원주택 사업이 자리를 잡고 퍼져나가면서 지원 대상도 다양해진다. 고아, 탈가정 청소년, 10대 부모, 청년실업자에서 HIV/AIDS 환자, 만성질환자에게 지원주택이 제공되었다. 지원주택은 사회적 약자들의 주택 문제를 해결하는 강력한 대안이 되었다.

노숙인

:

1980년대 미국 뉴욕 노숙인들의 주거 대책으로 지원주택이 제시된다. 집 없이 노숙하는 사람들에게 주거할 곳을 제공한다는 단순한 원리에서 출발했다. 미국에 성 프란시스 주택이라는 홈리스나 정신장애인을 대상으로 하는 지원주택이 있다. 성 프란시스코회가 1980년대부터 운영하는 곳으로 뉴욕 시내에만 3개소가 있고 총 300여 명이 거주한다. 많은 홈리스가 교회 앞에서 기거하는데 행정의 대응이 전혀 없어 교회가 직접 지원주택을 설립하여 운영하게 된다. 이들 중 정신질환을 앓는 사람이 많아 의료 지원은 지원 서비스에서 중요한 항목이 되었다. 지원주택에는 정신과 간호사가 상근하면서 투약 관리를 하고 건강 상태를 점검한다. 정신과 의사가 주 1회 각 지원주택을 순회 방문하면서 진료한다. 이외에도 다양한 지원 서비스가 제공된다.[1]

우리나라 현행 '노숙인복지법'은 시설 보호 중심의 지원 체계로 예산 대부분을 노숙인 시설 운영에 집중하고 있다. 거리 노숙인을 대상으로 하는 주거비 지원은 지원 수준이 낮아 쪽방이나 고시원 정도 가능하다. 주거 취약계층에게 제공되는 주택도 정신장애가 있거나 알콜 의존이 심한 만성 홈리스는 순위에서 밀릴 때가 많다. 보통 노숙인 주거 지원은 응급쉼터 Emergency Shelter, 일시적 전환주택 Temporary Transitional Housing, 영구적 주택 Permanent Housing 으로 구분한다. 지원주택은 영구적 주택에 해당한다.

---

1. 김윤이 「미국의 지원주택 프로그램과 비영리단체의 지원주택 운영사례」 『도시와 빈곤』 통권70호 2004.10

2008년 주거 우선 Housing First 정책[2]을 도입한 핀란드는 임대주택과 지원주택의 수는 늘리고 응급쉼터를 제외한 다른 노숙인 시설은 폐쇄한다. 이 정책 도입의 결과 3,500명에 이르던 노숙인이 2019년 기준 961명으로 감소한다.[3]

우리나라에서 노숙인에 대한 지원주택 사업을 처음 시도한 곳은 서울시다. 서울시는 지원주택 사업을 시작하면서 노인, 장애인과 더불어 노숙인을 대상에 포함한다. 특히 정신질환이 있거나 알콜 의존인 여성 노숙인을 우선 대상으로 한다.[4] 이들을 위한 주택과 지원 서비스가 제공되기 시작했다.

지원주택에서는 크고 작은 갈등이 빈번하게 발생한다. 층간소음에 더 예민하기도 하고 정신과적 증상이 불안정하게 나타날 때 위태로운 상황이 발생하기도 한다. 그만큼 이를 해소할 지원 서비스가 중요하다.

지역사회 통합돌봄 선도사업에도 처음 노숙인 대상 사업이 있었으나 지원 지자체가 없어 실제 사업에서는 빠졌다. 시범사업에서는 빠졌으나 노숙인을 지원주택 대상에서 빼놓을 수 없는 만큼 지자체와 지역사회에서 관심을 가지고 이들에 대한 지원 프로그램을 마련해야 한다.

---

2. 핀란드 주거 우선 정책의 4가지 원칙은 안정적인 주거보장을 통한 독립적인 삶 보장, 홈리스 당사자의 선택권 존중, 당사자의 재활과 권리 부여, 지역사회 및 사회로의 통합임
3. 장서연 「홈리스 지원 체계 평가와 재편을 위한 토론회」 『법률저널』 2021.11.12
4. 2016~2018년 시범사업 진행 2019년부터 서울시의 정식 사업으로 추진 중

위기 청소년과 청년

:

고아원에서 성장하여 성인이 되면 사회로 나가야 한다. 안타깝게도 주거나 고용 문제를 해결하지 못하여 노숙인 처지가 되는 사람도 있다. 이들이 사회에 진출하여 안정적으로 정착하는 데 주거 문제는 중요한 과제 중 하나다. 사회생활에 필요한 다양한 서비스를 같이 제공하는 지원주택은 이들에게 큰 힘이 된다.

탈가정 청소년들도 거주 문제에 직면한다. 이들에 대한 지원은 원가정 복귀를 목표로 하니 임시 거처인 쉼터 지원만 이루어진다. 그러나 원가정 복귀가 어려워 시설을 거부한 채 거리의 삶을 선택하기도 한다. 마찬가지로 지원주택 제공이 필요하다.

10대에 부모가 되었으나 가족 지원이 없이 독립해야 할 때도 대상이 될 수 있다. 양육과 직장생활을 병행해야 하는 미혼모, 한부모 가정에도 지원주택을 대안으로 고려할 수 있다. 사회에 진출했으나 아직 일자리를 찾지 못한 청년실업자 대상 지원주택 지원 문제도 제기된다. 이처럼 위기에 처한 청소년과 청년들에게 지원주택은 대안을 제공할 수 있다. 그러나 아직 사회적 관심이나 정책적 시도는 부족한 현실이다.

근로 능력이 저하된 만성질환자

:

아직 고령은 아니고 장애 판정을 받지는 못했으나 만성질환, 희귀성 질환으로 근로 능력이 심각하게 저하되어 자립생활이 쉽지 않은 사람을 지원주택의 대상으로 고려할 수 있다. 외국에서는 HIV/AIDS 환자들을 지원주택 대상에 포함하기도 한다. 이들에게는 의료와 연계된 지원 서비스가 절실하게 필요하다.

가정폭력 피해자, 트라우마 피해자

:

가정폭력으로 집으로 돌아갈 수 없다면 거주할 공간이 필요하다. 주거뿐만 아니라 적절한 대응 프로그램과 치유 프로그램도 필요할 것이다. 지원주택이 이 역할을 할 수 있다. 가정폭력외에도 성폭력, 국가폭력 등 다양한 트라우마 피해자들이 온전한 사회생활 복귀가 어려울 때 지원주택이 좋은 대안이 될 수 있다.

탈북자와 난민

:

탈북자들은 국내로 들어와 일정 교육을 마친 후 정착하게 된다. 대부분 임대주택과 생활 지원을 받으나 국내 적응이 단기간에 이루어지지 않는다. 주택과 더불어 국내 적응을 돕는 지원 서비스가 계속되어야 한다. 건강을 돌보기 위한 서비스와 북한과는 다른 의료체계 이용을 위한 정보 제공이나 안내가 이들에게 도움이 될 것이다.

난민에게 지원주택을 제공하자고 하면 국민이 쉽게 받아들일 수 있을까? 2022년 법무부 심사를 거쳐 인정을 받은 중동국가 출신 한 난민은 서울의 해당 주민센터를 찾아 전세임대주택 신청을 했으나 지원 대상이 아니라는 이유로 거부당하자 행정소송을 낸다. 재판부는 난민협약에 따른 난민의 권리에 관한 각종 규정은 국내법의 효력을 가진다며 국민과 마찬가지로 전세임대주택에 입주할 자격을 갖춘 것으로 봐야 한다고 판결한다. 주거권은 기본권의 하나다. 우리나라에서 난민으로 인정받기도 어렵지만 인정받아도 적응해서 생활하기 쉽지 않다. 이들에 대한 지원주택 제공에 대한 논의도 필요하다.

사회 약자의 주거권 대안으로서 지원주택

:

우리나라에서 지원주택 보급이나 논의는 초기 단계다. 다양한 방식으로 시범사업을 진행 중이다. 기본권인 주거권을 보장하는 대안의 하나로 지원주택 논의가 더욱 활발하게 이루어질 필요가 있다. 지원주택이 필요한 사람들은 고령자, 장애인, 노숙인 등 사회 약자들이다. 집이 투자의 대상인 우리나라에서 경제 취약계층인 이들이 독자적으로 주택을 장만할 가능성은 희박하다. 가능하다고 하더라도 일부일 것이고 단순히 공간으로서의 주택만 해결된다고 이들의 요구가 모두 해결되는 것도 아니다. 취약계층에게 필요한 맞춤형 지원 서비스의 제공은 중요한 사회적 지지가 되고 이를 통해 우리 사회가 돌봄 사회로 전면 전환하는 계기가 마련된다.

6.

의료는 무엇을
준비해야 하나

탈시설 또는 지역사회 통합돌봄 대상자 대부분은 건강 약자들이다. 탈시설 또는 시설 입주를 회피하게 만드는 가장 큰 두려움 또한 건강 관리 문제다. 그래도 시설에서는 24시간 관리 가능한데 자립생활로 전환하면 그게 가능할까 하는 걱정이다. 고령자도 마찬가지다. 혼자 살 때는 무엇보다 일상적인 건강 관리나 응급상황에 대한 대처를 걱정한다. 온전한 탈시설을 위해서는 이를 해결할 방안이 적절하게 마련되어야 한다. 탈시설의 성패가 여기에 달렸다.

주치의제 도입

:

시설이든 지원주택이든 자가든 취약계층에게 건강 관리는 중요한 과제다. 당사자가 알아서 의료진을 방문하여 만나는 지금의 의료 방식은 이들에게 부담스럽고 불편하다. 짧은 진료시간에 충분히 자신을 설명하기 어려울 때가 많고 의료진이 충분한 관심을 가지고 자신의 얘기를 들어준다는 보장이 없다. 병원을 방문한다는 건 특별한 사안이 있을 때여서 의료진도 특정 사안에만 관심을 내주며 만성질환 환자보다 질환에 더 관심을 보인다.

현재의 의료체계는 지역사회에서 살아가면서 겪어야 하는 건강 문제 또는 자신이 겪고 있는 질병이나 장애 문제와 관련하여 포괄적인 상담이나 의료 제공이 어렵다. 이를 가능케 하는 것이 당사자 개인의 건강을 포괄적으로 관리하는 주치의제 도입이다. 시설에서 나와서 지원주택에서 살아가면서 자신의 건강 문제를 상담할 수 있는 자신의 주치의가 있다면 큰 힘이 될 것이다. 지금 제도상으로 장애인 주치의제가 있으나 제대로 홍보도 되어 있지 않고, 실행 과정에 제한도 있어 그리 활성화되지 않았다. 장애인 주치의제를 점검하여 실질적인 도움이 되는 방향으로 개선이 필요하다.

가장 시급한 것은 고령자를 위한 주치의제 도입이다. 요양원은 촉탁의가 있어 한 달에 두 번은 방문하도록 되어 있다. 반면 지역사회에서 가족과 살거나 홀로 살아가는 노인들은 의료기관을 찾지 않으면 건강을 챙길 수 있는 체계가 없다. 특히 혼자 사는 홀몸 노인은 가끔 방문하는 가족이나 요양보호사의 노력만으로 건강 관리에 충실하기 어렵다. 주치의의 존재는 큰 도움이 된다.

'전국민 주치의제'가 화두가 되어도 의료계의 반대로 진행이 막힌 상태다. 장애인이나 고령자처럼 건강 취약계층은 누구보다 주치의가 필요하다. 이들에게라도 먼저 주치의제가 도입되기를 바라마지 않는다.

지원주택 담당 의사와 간호사

:

지원주택은 관리 운영기관이 여러 주택의 지원 서비스를 담당하게 되고, 운영기관 차원에서 의료 지원 체계를 마련할 필요가 있다. 지원주택 입주자들의 건강 문제를 파악하고 개인에게 적합한 지원을 마련해야 하는데 이 과정에 의료인의 참여를 보장하는 게 좋겠다. 일선에서 입주자들과 일상적으로 만나는 실무자들에 대한 교육, 일상적인 건강 관리를 위한 준비, 응급상황에 대처하기 위한 매뉴얼 마련 등 의료진이 담당해야 할 일이 많다.

지역별로 지원주택 단지를 담당하는 의사가 있으면 대응하기가 용이하다. 담당 의사가 거주자를 방문할 때 한꺼번에 방문하여 진료하거나 건강을 살펴보면 좋다. 실제로 의료진이 가끔 방문하겠지만 일상적으로 지원주택의 코디네이터와 소통하면서 개별 입주자의 의료 요구에 대응할 수도 있다.

대규모 거주 단지에는 간호사가 상근하는 방안도 고려해 보면 좋겠다. 규모가 큰 기존의 임대주택은 고령자, 장애인이 많아 의료 수요가 있다면 우선 상근 간호사를 배치할 수 있다. 지원 서비스로서 훌륭한 사례가 될 것이다. 소규모라면 지리적으로 가까운 지원주택 단지를 묶어 한 명의 상근 간호사를 배치할 수도 있다.

지원주택 담당 의사나 간호사는 입주자뿐만 아니라 서비스 코디네이터라 불리는 지원주택 실무자의 건강도 챙길 수 있다. 이들은 입주자 간 갈등과 위기 상황에 대응하는 과정에서 신체, 언어 폭력에 빈번하게 노출된다. 입주자 중에 폭력적인 성향을 띠는 주민이 있거나 정신질환 때문에 통제가 어려운 상황이 발생할 수도 있다. 실무자 중에 공황장애가 생겨 퇴사하는 이도 있다. 실무자들의 안전과 인권 보장도 중요한 과제 중 하나다.[1]

방문의료 확대

:

지원주택에 거주하게 되는 사람들은 대개 이동이 쉽지 않아 의료기관 이용도 활발치 않을 것이다. 반면 의료 요구도는 상당히 높을 것이다. 이들의 적절한 건강 관리를 위해서는 의료

1. 서종균 외 『지원주택 사람들』 마음대로, 2021

진이 직접 거주지를 방문하여 건강을 살피는 과정이 필요하다. 방문의료 확대 필요성인데 여기서 방문의료는 의사나 간호사의 방문만을 의미하지 않는다. 재활 치료사가 방문하여 물리치료를 시행할 수도 있고 영양사가 방문하여 영양 상담을 진행할 수도 있으며 약사가 방문하여 현재 복용 중인 약들을 점검해볼 수 있다. 다양한 의료 분야 전문가의 방문은 건강 관리, 돌봄 수준을 한층 더 끌어올린다.

지역 차원 의료기관 네트워크 필요성

:

지원주택에 대한 적극적인 관심과 이해력을 가지고 자문이나 상담, 방문진료를 맡아 줄 의료진이나 의료기관을 지역 내에서 찾기 어려울 수 있다. 그러나 지역 의료 자원의 참여 없이는 지원주택이든 통합돌봄이든 제대로 된 역할 수행이 어렵다. 지역 의료계에 적극적으로 홍보하고 참여를 권할 수밖에 없다. 정부나 지자체에서 이들 기관에 일정한 인센티브를 제공한다면 참여율을 더 높일 수 있을 것이다.

지금은 지원주택이 많지 않으나 앞으로 활성화된다면 한 지역에 다양한 지원주택이 자리 잡게 된다. 지역에는 지원주택뿐만 아니라 다양한 시설이 있을 테고 자기 집에 살지만 의료와 돌봄이 필요한 사람들도 많을 것이다. 기존과는 다른 의료 방식이 요구된다. 이를 위해 지역 단위 의료 지원을 위한 협력 체계 구축이 필요하다. 지원주택을 전국적으로 확대하려면 결국 의료기관 참여도 제도화 방향으로 나아가야 안정적으로 운영할 수 있다.

지원주택 의료 지원센터 설립

:

지원주택 확대로 입주자들이 증가하면 의료 서비스에 대한 요구도 증가할 터다. 지원주택마다 의료·돌봄을 위한 매뉴얼이 필요하고, 대상자 특성이나 지역 또는 주택의 조건에 맞는 매뉴얼도 만들어야 한다. 주택을 관리하고 서비스를 제공하는 코디네이터들은 보건이나 의료 전문가들이 아니므로 이런 과제에 익숙하지 않다. 그렇다고 지역 의료자원을 동원하는 게 수월하지도 않다. 이들의 업무를 지원하기 위해 전문가와 전문기관들이 참여하는 전국 단위 또는 지역 단위 '지원주택 의료 지원센터'가 필요하지 않을까 한다.

의료기관의 변화 노력

:

돌봄과 의료의 경계가 갈수록 모호해진다. 온전한 돌봄이 이루어지기 위해 의료 서비스의 개입이 필요하다. 일차의원이든 병원이든 기관 안에서 고립된 의료 방식으로는 지역사회가 요구하는 돌봄과 의료 요구를 충족하기 어렵다. 지역사회 통합돌봄에 대해서도 의료인들 또는 의료기관들의 관심이나 참여가 저조하다. 그러다 보니 통합적이어야 할 돌봄 분야에서 다른 영역들은 다양한 시도를 하는데 의료 영역은 제자리에 머물러 있다. 이래서는 통합돌봄의 완성도를 높일 수 없다.

이제 의료기관 스스로 지역으로 나가 돌봄의 현장에서 새로운 방식의 의료를 구현하려는 혁신적인 노력이 필요하다. '병원 밖 의료'가 필요하다는 사실을 인식해야 할 때다.

나가며

기존 입소자의 탈시설을 준비하기 위해서 그리고 미래에 신체 및 인지기능 저하로 시설에 입주하는 것을 예방하거나 지연하는 데 필요한 지원주택을 중심으로 의료 문제를 모색해 보았다. 의료는 지원주택 거주자에게만 특별한 것이 아니다. 시설이든 지원주택이든 원래 살던 집이든 노인이나 장애인에게 의료는 가장 중요한 서비스 내용이다. 이 책에서 지원주택과 의료에 초점을 맞춘 것은 시설이 우리에게 미치는 부정적 영향을 가능한 한 줄여 보기 위해서다.

우리나라는 시설화가 과도하다. '시설사회'의 존립 기반은 경계에 있는 장애인과 노인들이 지역사회에서 살아갈 토대가 약하기 때문이다. 이 토대를 강화하는 핵심이 주거 문제고, 지원주택은 가장 중요한 대응 방식이다. 지원주택에 거주하는 사람들은 의료 요구도가 높은 사람들이다. 그렇다고 기존의 의료 방식으로 이들의 의료 요구를 맞추기란 쉽지 않다. 지원주택 거주자의 요구와 방식에 맞춰진 의료 서비스를 개발하고 실행하는 건 지역사회 통합돌봄에서 중요한 과제인 셈이다.

지원주택은 이제 고령자나 장애인을 넘어 사회 약자를 위한 보편적인 주거 방식으로 확대를 모색하는 중이다. 주거와 사회 서비스의 통합 제공은 사회적 약자들의 생존 기반을 강화시켜 준다. 부동산으로써 주거가 탐욕의 상징인 시대에 삶의 의미를 되살려 줄 지원주택의 존재는 그래서 미래에 대한 희망을 우리에게 전해준다.

지금 지원주택 확대와 보편화를 위한 '지원주택 운동'이 절실한 이유다. 정책적 선의에 마냥 기대고 있기에는 절박한 현실이다. 오랜 기간 시설에 묶여 있던 장애인들에게는 당장 절실한 과제다. 계속 진행 중인 고령화 사회에서 어쩌면 요양 시설로 밀려 들어가야 하는 노인 세대들의 존엄한 삶과 존엄한 마무리를 위해서도 그렇다.

지원주택,
지원주택 아닌 것,
지원주택 비슷한 것

지원주택, 지원주택 아닌 것,
지원주택 비슷한 것

서종균_주택관리공단 사장

지원주택이란?

:

지원주택은 이전에는 자립생활이 어렵다고 여겨지곤 하던 사람들에게 지역사회의 자기 집에서 생활하는 기회를 제공할 수 있다. 자기 집에서 독립적으로 생활해야 자기 생활을 스스로 통제하고 있다고 느낀다. 익숙한 동네에서 살지 여부가 삶의 질에 큰 영향을 미치기도 한다.

지원주택에 거주하는 이들은 주거를 유지하는 데 필요한 지원 서비스를 받는다. 다시 말하면 지원 서비스가 없으면 자립생활이 어려운 사람들이 지원주택에 입주해야 할 대상이다. 노인, 장애인, 노숙인 등이 중요한 지원주택의 대상 집단인데,

그중에서도 지원 서비스가 필요한지 확인하고 입주자를 선정한다.

입주자 개개인이 자기 집을 유지하는 데 필요한 지원 서비스는 다르다. 생활에 어려움이 없는지 정기적으로 확인하고 필요한 지원을 당사자와 함께 계획하고 위기에 대응하는 것은 모든 지원주택 입주자에게 제공되는 기본적인 지원 서비스다. 그밖에는 주거 유지가 어려운 이유에 따라 건강, 복지, 고용, 주택, 커뮤니티 활동 등 다양한 분야의 지원이 이루어질 수 있다. 주거를 유지할 수 있게 지원하는 것은 안정된 주거가 자기 생활에 대한 통제력을 유지하고 높이는 기반이기 때문이다. 지원 서비스 제공도 이런 목적에 맞게 자기결정권을 강화하는 방식으로 이루어져야 한다.

지역사회에서 제공되는 다양한 서비스, 사는 곳과는 상관없이 자립생활을 선택하고서 유지를 못 하는 이들의 어려움을 덜기 위한 지원 서비스, 주택과 지원 서비스가 결합한 지원주택은 함께 고려될 필요가 있다. 지역사회에서 이용할 수 있는 서비스가 늘어나고 자립생활의 어려움이 줄어들면 지원 서비스나 지원주택에 대한 필요는 줄어들 수 있다. 또 자립생활과 관련된 기존 지역사회 서비스의 부족을 보완하기 위한 지원 서비스가 도입되어도 지원주택에 대한 필요는 감소할 것이다. 그러나 그러한 상황이 되어도 지원주택에 대한 필요가 완전히 사라지지는 않을 것이다. 지원 서비스가 필요한 이들 중에는 집과 서비스가 한 공간에 결합한 형태를 원하는 이들도 있기 때문이다.

지역사회 자립생활을 선택하기 어려운 이들의 문제에 대응하기 위해 수단들을 어떻게 조합할지에 대한 과제가 있다. 지역사회 서비스를 강화하여 자립생활 선택을 위한 전반적인 여건을 개선하는 것은 기본 방향이다. 각 분야의 지역사회 서비스 변화는 지원 서비스나 지원주택 계획에서 주어진 조건처럼 고려될 가능성이 크다. 지원주택과 지역사회에서 거처와 무관하게 제공되는 지원 서비스 중에 어느 하나를 우선해야 할 이유는 없다. 가능하다면 동시에 추진하고, 당사자의 욕구에 따라 조정해가는 것이 바람직하다. 여건에 따라 어느 하나가 먼저 확대될 가능성도 있는데, 이러한 변화를 제약할 필요도 없다.

아직은 지원주택을 공급하는 지역이나 기관이 많지 않다. 지원주택의 공급이 그것을 원하는 사람들 수요에 미치지 못하고 있다. 그래서 누구에게 제공할 것인지 우선순위를 정하게 된다. 상대적으로 필요가 더 큰 사람을 먼저 지원주택에 입주할 수 있게 하는 것이다. 하지만 지원주택을 상당한 규모로 공급한 이후에는 지원주택에 대한 필요가 인정되면 누구나 이용할 수 있게 배분 방식을 바꾸어야 한다.

그런 상황이 되면 대기자명부를 활용하여 지원주택을 배분하는 것이 가능하다. 지원주택을 신청하면 필요에 대한 판단이 이루어지고 대기자명부에 등록된다. 지원주택에 입주할 자격이 있다고 판단된 이들에게 일정한 기간 안에 지원주택이 제공될 것을 기대해 볼 수 있다. 이를 위해서 정부는 지원주택에 대한 공급계획을 수립하고 재원을 확보하는 등의 노력을 해야 한다. 공공임대주택을 일정 수준 이상 공급하고, 그중 일부는 주거 소요가 가장 큰 지원주택이 필요한 이들에게 배분하도록 정해둘 필요가 있다. 그러면 지원주택이 지역사회 자립생활에 대한 권리를 보장하는 수단의 하나로 자리를 잡았다 할 수 있을 것이다.

그룹홈, 자립생활주택과 구분 짓기

:

지원주택을 주거와 지원 서비스가 결합한 것 혹은 지역사회 자립생활을 위한 수단이라고 하면, 그룹홈(공동생활가정)[1]이나 자립생활주택과 같은 지역사회에서 자립하기 위한 준비를 하는

---

1. 그룹홈Group home의 뜻은 나라마다 다르다. 우리나라의 그룹홈은 규모가 작고 한 방에 거주하는 사람이 2명 정도인 시설과 비슷한 성격의 서비스가 제공되는 곳. 대규모 시설과 비교하면서 지역사회에서 독립적으로 생활하는 것과 시설 사이의 중간 성격을 띠는 곳도 있지만, 자립생활주택 등 중간 거처와 비교해도 거주자의 자기 생활에 대한 통제력과 자기 결정 수준이 상대적으로 낮음. 이와 전혀 다르게 그룹홈이라는 용어를 쓰는 나라들이 많다. 자립생활을 하는 당사자 몇 명이 함께 생활하는 집을 그룹홈이라 부르기도 함. 또 몇 호의 독립적으로 생활하는 주택이 같은 건물이나 인근에 있고 가까운 위치에 근무하는 지원자가 정기적으로 방문하는 것을 그룹홈이라 부르기도 함. 지원주택을 그룹홈이라 부르는 경우도 있음

중간 거처와는 무엇이 다른가 묻는 이들이 있다. 주택에서 생활하고 필요한 서비스도 제공되는 형식은 같다. 또 명시적으로는 자립생활을 지향한다는 것도 공통점이라 할 수 있다. 하지만 몇 가지 중요하고 결정적인 차이가 있다.

자립을 위한 준비를 해가는 주거 모델에서는 능력이 향상되면 다음 단계의 거처로 이전해갈 것을 가정한다. 이와 달리 지원주택은 당장 자립생활을 보장하기 위한 수단이다. 지원주택은 어떤 사람이 자립을 위한 능력이 부족하니 독립적으로 생활할 주택을 제공할 수 없다고 판단하지 않는다. 당연히 장애의 종류나 정도를 토대로 자립생활이 가능하거나 불가능하다고 판단하지도 않는다. 우선 안정적으로 생활할 집을 제공해야 하고, 자립생활을 할 때 예상되는 어려움은 지원 서비스를 통해서 해소해야 할 과제가 된다.

단계적 접근 방식을 기반으로 제공되는 거처들은 일정 기간 생활하면서 자립 능력을 기를 것으로 기대하기 때문에 대체로 거주기간에 제한을 둔다. 대부분의 그룹홈과 자립생활주택이 그러하다. 그런데 실제로는 기간을 제한하는 것 자체가 자립을 촉진하는 장치로 기능을 하지 자립을 위한 준비 수준에 대한 판단은 이루어지지 않는다. 기간 제한을 회피하기 위해서 유사한 다른 거처로 옮겨다니거나 일정 기간 지나고 다시 들어오는 경우도 나타나곤 한다. 이와 달리 바로 자립생활로 이행하는 지원주택은 거주기간을 제한하지 않고 영구적인 거처를 제공하는 것이 원칙이다.

그룹홈이나 자립생활주택에서는 거처와 서비스를 한 기관에서 제공한다. 지원주택에서는 주택을 제공하는 주체와 지원 서비스를 제공하는 주체를 가능한 한 달리하려 한다. 지원주택의 입주자는 임대인과 직접 주택임대차계약을 한다. 지원 서비스 제공 기관과도 서비스에 대한 별도의 계약을 한다. 서비스와 주택 이용을 구분하고 상호 독립적으로 작동하게 한다. 따라서 서비스 이용을 거부해도 다른 거처로 옮겨야 하는 일은 생기지 않는다. 거처에 대한 점유권이 서비스에 대한 실질적인 선택권을 행사할 수 있는 기반이 되는 것이다.

지원주택에서 생활하면 얼마 지나지 않아 거주자의 생활 방식이나 태도가 달라지곤 한다. 실질적으로 스스로 생활에 대해 선택하면서 생기는 변화고, 자립생활의 경험이 만들어내는 분명한 차이다. 그것이 때로는 위태롭거나 비합리적으로 보일 수도 있다. 하지만 당사자 스스로 그런 선택권을 줄여야 한다고 판단하는 경우는 거의 없다.

지원주택이 그룹홈이나 자립생활주택과 무엇이 다른가 하는 질문에는 그것들을 구분하지 않으려는 의도가 포함된 때도 있다. 그룹홈이나 자립생활주택 영역을 보호하거나 더 확장하려는 의지로 이해할 수 있다. 모두 자립생활을 지향한다는 점을 강조한다. 이들 영역은 앞으로 한동안 지원주택과 경쟁 관계에 있을 것으로 예상한다.

새로운 주거 모델에서 지원주택 원칙 세우기

:

최근에 와서 지원주택으로 볼 수 있는 혹은 이와 비슷한 여러 가지 주거 모델이 등장하고 있다. 그중에는 지원주택에 대한 정책과 제도를 만들어가는 과정에 고려해야 할 것들도 있다.

그중 하나가 고령자복지주택이다. 고령자복지주택은 고령자를 위한 주택과 그들이 이용할 만한 서비스를 제공하는 기관이 같은 건물에 있다. 이 주택은 노인이면 입주 대상이 될 수 있고, 자립생활을 돕는 지원 서비스가 필요한 이들에게 제공되는 것은 아니다. 입주자를 위한 사례관리 등의 지원을 하는 경우도 드물게 있지만, 대부분은 입주자들에게 지원 서비스 제공이 보장되지 않는다. 단지 고령자를 위한 주택과 서비스가 같은 공간에 있는 것이며, 자립생활이 어려운 이들을 돕기 위한 주택은 아니다.

고령자복지주택의 일부나 전부를 지원주택으로 활용하는 것이 불가능하지는 않다. 지원 서비스가 필요한 이들을 판단하여 입주자를 선정하는 절차를 만들고, 필요한 지원 서비스를 제공할 수 있는 재정과 인력을 확보하면 된다. 이미 공급된 고령자 복지주택도 새로운 입주자를 선정할 때부터 성격을 바꿀 수 있다. 이미 고령자를 위한 디자인이 잘 적용된 주택을 자립생활을 위해서 더욱 효과적으로 활용하는 길이다.

장애인 탈시설 로드맵에 의해서 추진되고 있는 지원주택 사업은 일반적인 지원주택의 원칙에 대부분 부합하는 방식으로 추진되고 있는데, 여기서도 보완할 부분이 있다. 이 주택은 지역사회에 정착하지 못해서 시설에서 거주하고 있는 이들에게 지역사회에서 독립적인 생활을 할 기회를 제공한다. 자립생활을 유지하는 데 필요한 지원 서비스를 제공할 수 있는 체계도 갖추고 있다. 그런데 주택에 대한 임대차계약을 임대사업자와 서비스 제공기관이 맺는다. 입주자는 서비스 제공기관과 별도로 전대계약을 한다. 임대사업자는 공가와 임대 운영에 대한 부담을 줄이는 편익이 있지만, 입주자의 선택권을 보장하는 중요한 장치가 약해진다는 손실이 더 중요하게 고려될 필요가 있다.

그밖에도 지역사회 통합돌봄 시범사업에서 추진된 케어안심주택이 있다. 시범사업이 진행된 지역 중 일부에서 다양한 주거 사업이 케어안심주택으로 추진되었다. 그 내용은 대체로 자립생활주택과 유사한 중간 거처와 계속 거주할 수 있는 지원주택으로 나눌 수 있다. 케어안심주택은 공공임대주택 확보가 쉽지 않아서 많은 지역에서 시도되지 못했고, 임대차계약 등 앞서 언급한 문제들이 비슷하게 나타났다.

지원주택을 지향하거나 이와 유사한 성격의 다양한 주거 모델들이 나타나고 있는 것이 지역사회 자립생활과 관련한 어려움을 줄이는 더 효과적인 길을 찾아가는 데 도움이 되리라 기대할 수 있다. 하지만 걱정이 되는 면도 있다. 주거 모델 중에는 특정한 주체의 이해가 과도하게 반영된 것도 있고, 그로 인한 왜곡이 전체 상황을 개선할 효과적인 방법을 만드는 것을 어렵게 할 수도 있다. 그래서 지원주택이나 이와 유사한 주거 모델에 대한 논의를 신중히 해야 한다.

지원주택으로 자립생활의 기회가 획기적으로 확대하기를 기대한다. 이를 위해서 정책과 사업을 계획하고 추진하는 과정에 당사자의 자기 삶에 대한 통제력 높이기가 늘 중요하게 고려되기를 바란다. 관련 주체들이 자기 이해와 나름의 논리를 갖는 것은 당연하지만, 그것이 지원주택의 목적이나 원칙을 거스르지 않아야 할 것이다. 어떤 주장이 특정 집단의 이해를 과도하게 반영하는 여부는 당사자의 입장에서 합리적이라고 인정할 수 있는가를 기준으로 판단할 수 있다. 자기 이해를 당사자의 이해로 포장할 수 있다는 점도 주의해야 할 것이다.

부록

탈시설·탈노숙·탈원화를 통해
'지역사회에서 함께 사는 집'
지원주택 10만 호 공급을 촉구한다.

부록

탈시설·탈노숙·탈원화를 통해
'지역사회에서 함께 사는 집'
지원주택 10만 호 공급을 촉구한다.[2]

    장애인, 노인, 노숙인… 우리 사회는 오랫동안 이들을 '노동할 수 없는/무능력한 몸'으로 취급하였다. 보통의 삶으로부터 배제된 이들은 거주시설·요양병원과 같은 집단 수용 시설로 보내졌다. 발달장애, 정신장애, 치매, 알콜 의존 등 이유는 제각각이지만 '시설 생활'의 양상은 비슷하다. 입소인의 삶이란, 고유한 역사도 미래에 대한 계획도 없이 정해진 일과에 따라 집

---

2. 2021년 4월 19일 진행된 장애인고령자등지원주택10만호공급공동대책위원회 출범 기자회견문. 대책위원회에는 길가온복지회, 민달팽이유니온, 사단법인아가페복지, 사단법인열린복지, 서울시재가노인복지협회, 서울특별시립비전트레이닝센터, 장애와인권발바닥행동, 전국장애인부모연대, 전국장애인야학협의회, 전국장애인차별철폐연대, 태화샘솟는집, 한국뇌병변장애인인권협회, 한국장애인자립생활센터협의회, 한울정신건강복지재단, 참여연대, 해내기보호작업장, 홈리스행동 등 17개 단체가 참여

단적으로 처리된다. 이들은 자기 삶에 대한 선택권과 통제력이 없는 사람이 아니다. '보호'라는 명목의 '통제'만 기능하는 공간에서 자기 삶에 대한 선택권과 통제력을 빼앗긴 것이다. 금전·일과·외출·관계 등 삶의 전반에서 규율과 통제가 작동하는 공간에서, 입소인의 사생활이나 선호가 존중될 리 없다.

시설이나 병원은 '집'이 아니다. 특정 집단을 시설이나 병원에 집단 수용하는 구시대적 정책은 탈시설·탈노숙·탈원화 방향으로 변화하고 있다. 우리가 요구하는 '지원주택'은 이러한 패러다임의 변화에 발맞춘 대안적 주거 모델이다. 지역사회에서 스스로 안정적인 독립생활을 유지하기 어려운 이들에게, 주택과 함께, 주거 유지 서비스를 결합하여 제공함으로써, 지역사회에서 함께 살 수 있는 여건을 제공하는 것이다.

지원주택이 필요한 사람은 장애인 거주시설에 있는 장애인 3만 명, 정신건강증진시설에 장기입소한 정신장애인 4만 명, 노숙인 1만 명 등 8만 명 이상으로 추계되며, 고령화 사회에서 노인 지원주택 수요도 점차 늘어날 것이다. 그러나 중앙정부는 수요에 따른 공급 계획 수립은커녕 지원주택 도입조차 못하고 있다. 법적 근거 미비로 인하여 주택 공급과 서비스 제공의 결합 계획, 그에 따른 예산을 담보해야 할 국토교통부, 보건복지부가 권한을 갖지 못하고 서로 책임을 떠넘기고 있기 때문이다.

이에 장애인, 노인, 노숙인 단체 및 시민사회 단체들은 〈장애인고령자등지원주택10만호공급공동대책위원회(이하 지원주택10만호공대위)〉를 출범하고, 지원주택 관련 입법 및 예산 반영을 목표로 본격적인 활동을 하고자 한다. 우선, 지원주택10만호공대위는 심상정 국회의원이 대표 발의하는 「장애인·고령자 등 주거 약자 지원에 관한 법률 일부개정법률안」과 장혜영 국회의원이 대표 발의하는 「주거 약자 주거 유지 지원 서비스에 관한 법률안」을 환영하며, 21대 국회에서 조속하게 통과하기를 바란다. 또한 국토교통부·보건복지부가 상호 협력하는 지원주택 10만 호 공급에 대한 연차별 계획 수립을 촉구한다.

2021년 4월 19일
장애인고령자등지원주택10만호공급공동대책위원회

지은이 백재중

신천연합병원에서 내과 의사로 근무 중. 『공공의료 새롭게』(2022) 『팬데믹 인권』
(2022) 『여기 우리가 있다』(2020) 『자유가 치료다』(2018) 『의료협동조합을 그리다』
(2017) 『삼성과 의료민영화』(2014)를 쓰고 펴냈다. 『다른 의료는 가능하다』(백영경,
창비, 2020)에 대담자로 참여했다.

한뼘문고 02

지원주택과 의료

지은이 백재중
초판 1쇄 발행   2023년 4월 10일
만든이 조원경 황자혜 임지연 박재원
펴낸이 백재중   펴낸곳 건강미디어협동조합
등록 2014년 3월 7일 제2014-23호   주소 서울시 사가정로49길 53
전화 010-4749-4511   팩스 02-6974-1026   전자우편 healthmediacoop@gmail.com
값 9,000원   ISBN 979-11-87387-27-5 03330